CW00447157

LIBRO DE COCINA STREET FOOD PARA PRINCIPIANTES

50 recetas y digresiones de los mejores restaurantes sobre ruedas

Francesca Castro

Reservados todos los derechos.
Descargo de responsabilidad

INDIO

Seekh kebabs con menta raita

PARA 8 KEBABS, PARA 4-6 PORCIONES

1 cucharada de semillas de comino
1 cucharada de garam masala
500g de cordero o ternera picada
1 cebolla mediana, picada
25 g de jengibre de raíz fresco, rallado
3 dientes de ajo, picados en trozos grandes
2-3 chiles verdes picantes, al gusto
un manojo
pequeño de
cilantro, picado
1 huevo
sal y pimienta negra recién molida
aceite vegetal, para freír y engrasar
pan naan, para servir
rodajas de limón, para servir

para la menta raita
4 cucharadas de yogur natural
2 dientes de ajo machacados
un manojo pequeño de
hojas de menta y
cilantro fresco 2-3
chiles verdes, finamente
picados, al gusto de jugo
de 1 lima

necesitará

8 brochetas de bambú o metal (si usa bambú, sumérjalas en agua fría durante una hora antes de usarlas para evitar que se quemen)

Coloque las semillas de comino en una sartén seca y tueste durante un minuto. Tan pronto como huele su aroma flotando desde la sartén, vierta en un molinillo de especias o un mortero y muela hasta obtener un polvo. Agregue a un procesador de alimentos junto con el garam masala, la carne picada, la cebolla, el jengibre, el ajo, las guindillas, el cilantro y el huevo. Sazone generosamente con sal y pimienta y procese hasta obtener una pasta suave.

Tome una cucharadita pequeña de la mezcla y aplánela en una mini hamburguesa, luego fría en un poco de aceite hasta que esté bien cocida.

Pruebe para verificar el condimento y agregue un poco más de especias, guindilla, sal o pimienta si es necesario y procese una vez más hasta que se combinen.

Divida esta mezcla en 8 bolas de tamaño uniforme. Para dar forma a las brochetas, aplana y enrolla cada bola en forma de cigarro de unos 2 cm de grosor. Sosténgalo firmemente en la palma de una mano e inserte con cuidado un pincho en un extremo y páselo hasta el final. Repite con las bolas restantes.

Lávese y séquese las manos y rocíe un poco de aceite vegetal, esparciendo por todas partes. Toma cada kebab y enróllalo suavemente en tus palmas para darle una ligera capa de aceite. En este punto puede dejar marinar las brochetas hasta 24 horas en la nevera o puede cocinarlas inmediatamente.

Para cocinar, caliente una parrilla o sartén hasta que esté caliente. Coloque suavemente las brochetas en la parrilla y cocine durante 3-4 minutos por un lado. Una vez que se haya formado una costra dorada, debería poder darles la vuelta con una rodaja de pescado. Si se pegan a la parrilla, déjelos un minuto más antes de volver a intentarlo. Cocine por el otro lado durante 3-4 minutos más hasta que esté bien cocido.

Para hacer la raita de menta, coloque todos los ingredientes en un procesador de alimentos y mezcle hasta obtener una salsa suave, o use una licuadora para batir los ingredientes en una jarra profunda. Sazone al gusto con sal y pimienta.

Sirve las brochetas en pan naan tibio, rociadas con un poco de raita y con un par de rodajas de limón a un lado para exprimirlas.

Kebab de pan shami con chutney de cilantro

HACE 4 KEBABS

120g de chana dal
2 cucharaditas de semillas de comino
5 dientes
$\frac{1}{2}$ – 1 cucharadita de hojuelas de chile rojo seco, al gusto
1 cucharada de aceite vegetal, más extra para freír
1 cebolla finamente picada
2 dientes de ajo machacados
3 cm de jengibre de raíz fresca, rallado
300 g de cordero o ternera picada
5 huevos
2 cucharadas de harina de garbanzos
4 bollos de hamburguesa, partidos y tostados
sal y pimienta negra recién molida
unas rodajas de cebolla morada, tomate y pepino, para servir

para la salsa picante de cilantro
4 cucharadas de yogur natural espeso
2 chiles verdes, picados

un manojo
pequeño de
cilantro, picado
en trozos
pequeños un
manojo pequeño
de menta, hojas
picadas en
trozos grandes 1
diente de ajo
triturado

Remojar el chana dal durante la noche en abundante agua fría.

Coloca las semillas de comino, el clavo y la guindilla roja en una sartén grande y deja que se tueste a fuego medio durante un minuto. Vierta en un molinillo de especias o maja y mortero y muela hasta obtener un polvo. Dejar de lado.

Agrega 1 cucharada de aceite a la sartén junto con la cebolla y sofríe a fuego medio-bajo durante 10 minutos hasta que empiece a ablandarse. Revuelva con el ajo, el jengibre y las especias molidas y fría un minuto más. Escurre la chana dal y agrégala a la sartén junto con la carne picada. Freír durante unos minutos, revolviendo para romper la carne picada, luego verter sobre 350ml de agua. Sazone con sal y pimienta, cubra sin apretar con una tapa y cocine a fuego lento hasta que la carne y el chana dal estén tiernos, aproximadamente 20 minutos. Retire la tapa y continúe cocinando hasta que la mezcla esté realmente seca y comience a engancharse en el fondo. Revuelva regularmente para evitar que se pegue. Retirar del fuego y dejar enfriar.

Prepara la salsa picante añadiendo todos los ingredientes a una jarra y batiendo con una batidora de mano. Sazone al gusto con sal y pimienta y enfríe en el refrigerador hasta que lo necesite.

Una vez que la mezcla de carne y dal esté fría, colóquela en un procesador de alimentos y mezcle hasta obtener una pasta. Agregue 1 huevo y la harina de garbanzos y pulse para combinar. La mezcla debe estar lo suficientemente rígida para mantener su forma. Si está un poco húmedo, agregue un poco más de harina. Forme 4 hamburguesas, colóquelas en un plato y cúbralas con film transparente, luego déjelas enfriar en el frigorífico durante una hora.

Cuando esté listo para cocinar, agregue un buen chorro de aceite a una sartén y ponga a fuego medio-alto. Cuando esté muy caliente, agregue las hamburguesas, friéndolas hasta que estén crujientes, aproximadamente de 4 a 5 minutos por cada lado. Mantener caliente en un plato a horno bajo (alrededor de 110 ° C / 90 ° C Ventilador / Marca de gas $\frac{1}{4}$).

Rompe los 4 huevos restantes en la sartén y fríelos hasta que estén cocidos a tu gusto. Coloque 1 huevo encima de cada hamburguesa y manténgala caliente. Arme las hamburguesas agregando un poco de cebolla, tomate y pepino a la base de cada pan tostado, cubra con una hamburguesa y un huevo, y finalmente agregue una cucharada de chutney antes de cubrir con la parte superior del pan. Come inmediatamente.

Samosas de verduras especiadas

HACE 16 SAMOSAS

350 g de patatas, peladas y cortadas en cubos de 1 cm
1 cucharada de aceite vegetal, más extra para engrasar
1 cebolla pequeña finamente picada
25 g de jengibre de raíz fresco, rallado
2 dientes de ajo machacados
1 cucharadita colmada de garam masala (para ver aquí o usa el pav masala que se muestra aquí)
100 g de guisantes congelados (no es necesario descongelar)
jugo de $\frac{1}{2}$ limón
sal y pimienta negra recién molida

para la pastelería
250 g de harina de pan blanco fuerte
1 cucharada de
semillas de cebolla
negra (kalonji o
nigella) $\frac{1}{2}$ cucharadita
de sal fina
8 cucharadas de aceite vegetal, y más para amasar

Haga la masa revolviendo la harina, las semillas de cebolla negra y la sal en un tazón grande. Rocíe el aceite y use los dedos y los pulgares para frotar el aceite y la harina, como si estuviera haciendo un crumble o un pastel.

Agregue suficiente agua fría para mezclar hasta obtener una masa firme (alrededor de 6 a 8 cucharadas) y luego encienda sobre una encimera ligeramente engrasada. Amasar durante 5 minutos hasta que esté suave, terso y flexible, luego envolver en film transparente y dejar reposar mientras haces el relleno.

Agrega las papas a una cacerola y cúbrelas generosamente con agua hirviendo. Ponga a fuego medio-alto y cocine hasta que estén tiernos, unos 15 minutos. Escurrir bien.

Pon una sartén a fuego medio-bajo y agrega el aceite y la cebolla, fríe hasta que esté transparente y comience a ablandarse, unos 10 minutos. Revuelva con el jengibre, el ajo y el garam masala, o Pav Masala, y sazone bien con sal y pimienta.

Cocine durante 5 minutos más antes de retirar del fuego y revolver con los guisantes y el jugo de limón. Ponga a un lado para enfriar (esparcir el relleno sobre un plato frío grande lo acelerará considerablemente).

Divide la masa en 16 bolas uniformes. La mejor manera de mantenerlos del mismo tamaño es dividir la masa por la mitad, luego cada pieza por la mitad nuevamente, luego la mitad nuevamente y luego la mitad nuevamente. Tome una bola y extiéndala sobre una encimera ligeramente engrasada hasta formar un círculo de unos 12 cm de diámetro. Coloque el círculo en el medio de su palma y doble un pliegue generoso en un lado para darle forma de cono, ahuecando su palma ligeramente para sostenerla.

Agregue una cucharadita generosa de relleno enfriado en la base del cono y aplanar y pellizcar los bordes para sellar. Dependiendo de qué tan suave sea la masa, es posible que deba pegar los bordes con un poco de agua fría. Debería quedarse con una samosa triangular ancha con una base curva; no se preocupe si se ve un toque rústico, idemuestra que está usando masa casera en lugar de filo engañoso! Repetir con las bolas de masa restantes y el resto del relleno.

Caliente el aceite en una freidora a 170 ° C / 340 ° F y fría las samosas en tandas durante 7-8 minutos hasta que estén crujientes y doradas. Escurrir sobre papel de cocina por unos momentos antes de meter.

Pakoras con chutney de menta

PARA 4 PERSONAS

200 g de harina de garbanzos
50 g de harina con levadura
1 cucharadita de garam masala
$\frac{1}{2}$ cucharadita de cilantro molido
$\frac{1}{2}$ cucharadita de comino molido
1 cucharadita de cúrcuma molida
1 cucharadita de semillas de ajwain

1 cucharadita de semillas de hinojo $\frac{1}{4}$ de
cucharadita de chile en polvo

1 cucharadita de sal

1 guindilla verde fresca, finamente picada

1 cucharadita de jengibre rallado

1 cucharadita de ajo machacado 250ml de agua

1 manojo pequeño de cilantro, finamente picado
1 cebolla, en rodajas muy finas
2 papas medianas, ralladas con un rallador grueso
$\frac{1}{2}$ cabeza pequeña de coliflor, cortada en floretes
1 cucharadita de chaat masala
1 lima

Sal marina Maldon, al gusto

para la salsa picante
1 manojo pequeño de cilantro fresco
3-4 cucharadas de hojas de menta
1 cucharadita de miel líquida o azúcar en polvo
Zumo de 1 lima
50 ml de agua
1 diente de ajo pelado
½ guindilla verde
50 ml de yogur griego espeso
sal y pimienta negra recién molida, al gusto

Para hacer el chutney, coloca todos los ingredientes excepto el yogur en una licuadora.

Licue hasta que quede suave, luego revuelva con el yogur y sazone al gusto. Dejar de lado.

Coloque las harinas, las especias, la sal, el chile fresco, el jengibre y el ajo en un tazón grande y combine bien. Agrega el agua, poco a poco, hasta que tengas una masa espesa y encantadora (es posible que necesites más o menos agua que 250ml). Revuelva con la mitad del cilantro picado, la cebolla en rodajas, la papa rallada y los floretes de coliflor.

Caliente el aceite en una freidora a 170-180 ° C (325-350 ° F) (pruebe la temperatura agregando una cucharadita de la mezcla; cuando la mezcla burbujee, flote y se dore en 45-60 segundos, están listos para ir).

Deje caer cantidades del tamaño de una cucharada de la mezcla en el aceite y fría durante 2-3 minutos hasta que se doren y estén completamente cocidas. Retirar con una espumadera y escurrir sobre papel de cocina.

Sazone con el chaat masala, un chorrito de jugo de limón y la sal Maldon, y esparza con el resto del cilantro fresco picado.

Sirve las pakoras bien calientes con la salsa picante al lado.

Pav Bhaji

PARA 4-6 PORCIONES

400 g de patatas, peladas y cortadas en cubos de 1 cm

400 g de calabaza, pelada y cortada en cubos de 1 cm

1 cucharada de semillas de comino

75 g de mantequilla sin sal

1 cebolla morada mediana, finamente picada, más ½ cebolla morada extra, en rodajas finas, para decorar

2 chiles verdes picados

25 g de jengibre de raíz fresco, rallado

3 dientes de ajo machacados

400 g de tomates, finamente picados

6 panecillos

blancos suaves,

rebanados y sal

generosamente

untada con

mantequilla

cilantro picado, para decorar

rodajas de limón, para servir

para la mezcla de especias pav masala

5 chiles de Cachemira secos

4 cucharadas de semillas de cilantro
2 cucharadas de semillas de comino
1 cucharada de pimienta negra en grano
1 cucharada de semillas de hinojo
8 dientes
2 vainas de cardamomo negro
1 cucharada de polvo de amchur (mango seco)

Haga la mezcla de especias colocando todos los ingredientes excepto el polvo de amchur en una sartén seca. Ponga a fuego medio y tueste durante uno o dos minutos, hasta que un aroma profundo y tostado se eleve de la sartén. Vierta en un molinillo de especias o maja y mortero y muela hasta obtener un polvo, luego transfiera a un tazón y revuelva con el polvo de amchur mientras las especias aún están calientes. Dejar de lado.

Agregue los cubos de papa y calabaza a una cacerola y cubra generosamente con agua hirviendo. Ponga a fuego alto, vuelva a hervir y cocine hasta que estén tiernos, alrededor de 15 minutos. Escurrir bien y dejar reposar.

Colocar las semillas de comino en una cacerola y poner a fuego medio para tostar por un minuto. Una vez que pueda oler su aroma flotando desde la sartén, agregue la mantequilla y deje que chisporrotee y se derrita antes de verter la cebolla roja picada y revolver regularmente durante 10 minutos. Revuelva con la guindilla, el jengibre y el ajo y fría durante 5 minutos más antes de agregar los tomates y 3 cucharadas de mezcla de especias pav masala. Freír durante otros 5 minutos hasta que esté espeso y fragante, luego agregue la papa cocida y la calabaza junto con 350 ml de agua. Cocine a fuego lento durante 20 minutos hasta que esté espeso y rico, machacando con un machacador de papas mientras se cocina. Sazone al gusto con sal.

Caliente una sartén grande hasta que esté caliente y tueste los panecillos, con la mantequilla hacia abajo, hasta que estén crujientes.

Vierta el bhaji en tazones, esparza sobre las rodajas de cebolla roja y el cilantro y sirva con una rodaja de limón para exprimir y un panecillo para mojar y recoger.

34

Mirchi bhaji

PARA 12 BHAJIS, PARA 4-6 PORCIONES

60g de tamarindo
100 ml de agua hirviendo
2 cucharaditas de semillas de comino
12 chiles verdes largos
2 cucharadas de harina de garbanzos
150g de paneer, desmenuzado
sal y pimienta negra recién molida

para la masa
100 g de harina de garbanzos
50 g de harina de arroz
$\frac{1}{2}$ cucharadita de polvo para hornear
$\frac{1}{2}$ cucharadita de chile en polvo
$\frac{1}{2}$ cucharadita de sal fina
alrededor de 100 ml de agua helada

Coloca el tamarindo en el agua hirviendo, partiéndolo con un tenedor para hacer una pasta espesa y grumosa, y déjalo en remojo durante 30 minutos. Coloque una sartén pequeña a fuego medio y agregue las semillas de comino, tostando durante un minuto hasta que pueda oler su aroma flotando desde la sartén. Vierta en un tazón pequeño y reserve.

Prepare los chiles cortando una hendidura desde cerca del tallo hasta cerca de la punta; desea crear una hendidura lo suficientemente grande para que el relleno entre, pero deje el chile entero en lugar de dividirlo en dos mitades. Quite con cuidado las semillas y las membranas.

Una vez que el tamarindo se haya remojado, cuela el puré por un colador en el bol con el comino tostado, desechando las pepitas y fibras. Agregue la harina de garbanzos, sazone bien con sal y pimienta y revuelva hasta obtener una pasta. Revuelva suavemente el paneer desmenuzado, tratando de no romperlo demasiado. Toma cucharaditas de la mezcla y úsala para rellenar los chiles, presionando hasta la punta. (La cantidad de relleno aquí es adecuada para 12 chiles verdes largos de tamaño 'regular', pero como los chiles varían mucho en tamaño, es posible que pueda rellenar algunos más o menos de 12).

Haga la masa agregando las harinas de arroz y garbanzos a un tazón grande y revuelva con el polvo de hornear, el chile en polvo y la sal. Vierta el agua helada, batiendo constantemente hasta que tenga una masa suave. Debe ser lo suficientemente espeso para cubrir los chiles de manera uniforme (pruébelo sumergiendo un dedo limpio en la masa; debe tener una capa uniforme y agradable). Si es demasiado espesa, agregue un chorrito de agua; si es demasiado delgado y se escurre, agregue un poco más de harina de garbanzos.

Caliente el aceite en una freidora a 180 ° C / 350 ° F. Cuando esté caliente, sumerja unos chiles en la masa y colóquelos directamente en la freidora. Trabaja en lotes de 3 o 4 para no sobrecargar la freidora y enfriar el aceite. Freír durante unos 5 minutos hasta que estén crujientes y dorados. Escurrir sobre papel de cocina y repetir con las demás guindillas. Sirva inmediatamente y coma mientras aún esté caliente.

Aloo tikki con dátil y chutney de tamarindo

Rinde 12, 4 a 6 porciones

1 kg de patatas, peladas y cortadas en trozos iguales
1 cucharada de aceite vegetal, más extra para freír
2 cucharaditas de semillas de mostaza
1 cucharadita de semillas de comino
3 cebolletas, finamente picadas
2 dientes de ajo machacados
1 cm de
jengibre
fresco de
raíz,
finamente
rallado 50 g
de
mantequilla
un manojo de
cilantro picado, más
extra para servir 2
cucharadas de
harina de maíz
sal y pimienta negra recién molida
4 cucharadas de yogur natural espeso, para servir

para el dátil y chutney de tamarindo

100g de dátiles sin hueso, picados en trozos
grandes
225ml de agua hirviendo
60g de tamarindo
1-2
cucharaditas
de hojuelas de
chile rojo
seco, al gusto
1 cucharadita
de semillas de
comino una
pizca de sal

Agregue las papas a una cacerola con agua
ligeramente salada y déjelas hervir. Cocine hasta
que estén tiernos, aproximadamente de 15 a 20
minutos.

Mientras tanto, agregue el aceite a una sartén y
cocine a fuego medio. Cuando esté caliente,
agregue las semillas de mostaza y comino y déjelas
freír durante un minuto más o menos. Cuando las
semillas de mostaza comiencen a reventar, agregue
las cebolletas, el ajo y el jengibre, y sazone con sal
y pimienta, sofreír durante unos minutos hasta que
las cebolletas comiencen a ablandarse. Sáquelo del
fuego y apártelo.

Escurre bien las papas y vuelve a colocarlas en la sartén, dejando que el vapor suba durante un par de minutos para asegurarte de que estén bien secas.

Triture bien hasta que quede suave, luego agregue la mantequilla y bata hasta que esté combinado. Deje enfriar durante 10 minutos antes de revolver con la mezcla de cebolleta, cilantro y harina de maíz.

Tome cucharadas colmadas de la mezcla y forme bolas con las manos, aplanando cada una en forma de hamburguesa. Colóquelo en un plato y déjelo enfriar, luego enfríe en el refrigerador durante una hora; esto realmente ayuda a obtener una hermosa capa exterior crujiente en el aloo tikki cuando los fríe, así que no tenga la tentación de omitir este paso.

Mientras se enfrían, prepare el dátil y la salsa picante de tamarindo. Vierta los dátiles en una cacerola pequeña y vierta sobre 125 ml de agua hirviendo. Dejar en remojo durante 30 minutos.

Agregue el tamarindo a una jarra y vierta sobre el agua hirviendo restante, rompiendo la pulpa con un tenedor y mezclando para formar una pasta grumosa. Dejar reposar por 30 minutos. Agrega la guindilla y el comino a una sartén pequeña y tuesta por un par de minutos. Vierta en un molinillo de especias o maja y mortero y muela hasta obtener un polvo. Dejar de lado.

Una vez que los dátiles y el tamarindo hayan terminado de remojarse, cuelgue un colador sobre la cacerola y cuele el tamarindo sobre los dátiles, desechando las pepitas y las fibras. Cubra la sartén con una tapa y cocine a fuego lento durante 15 minutos, después de lo cual los dátiles deben estar muy suaves y gruesos.

Batir hasta obtener un puré, ya sea en la sartén con una batidora de mano o en un procesador de alimentos pequeño, luego volver a la sartén. Agregue las especias molidas y la sal y cocine a fuego lento durante 5 minutos, revolviendo frecuentemente. Vierta en un bol y deje enfriar.

Para cocinar el aloo tikki, agregue un buen chorro de aceite a una sartén grande y ponga a fuego medio-alto. Una vez que el aceite esté brillando caliente, agregue con cuidado el aloo tikki, bien espaciado, y deje freír hasta que esté realmente crujiente y dorado, aproximadamente 4 minutos. Dé la vuelta con una rebanada de pescado o un cuchillo de paleta y cocine por otros 3-4 minutos más o menos.

Para servir, coloque una cucharadita de yogur encima de cada aloo tikki y cubra eso con un poco de chutney. Por último, espolvorea un poco de cilantro y cómelo aún caliente y crujiente.

Bhurji de huevo con parathas mantecosos

PARA 4-6 PORCIONES

1 cucharada de semillas de comino
50 g de mantequilla
2 cebollas rojas, finamente picadas
3 cm de jengibre de raíz fresca, rallado
2 dientes de ajo picados
2-3 chiles
verdes largos,
o al gusto,
picados 1
cucharadita
de cúrcuma
molida
$\frac{1}{2}$ – 1 cucharadita de chile en polvo, o al gusto
200 g de guisantes congelados (no es necesario
descongelar)
4 tomates en rama grandes, picados
12 huevos, ligeramente batidos
un manojo de cilantro picado
sal y pimienta negra recién molida

para los parathas
250 g de harina de pan integral
250 g de harina de pan blanco fuerte

1 cucharada de semillas de cebolla negra (kalonji o nigella)

½ cucharadita de azúcar en polvo

½ cucharadita de sal fina

300 ml de agua

tibia \ aceite

vegetal, para

engrasar 50 g

de ghee o

mantequilla

blanda

Para hacer las parathas, agregue las harinas, las semillas de cebolla negra, el azúcar y la sal en un tazón grande y revuelva. Vierta el agua, mezcle con un cuchillo hasta obtener una masa desmenuzable. Engrase ligeramente la encimera e incline la masa sobre ella. Amasar durante 5 minutos hasta que quede suave, suave y elástica. Dejar reposar durante 15 minutos.

Vuelva a engrasar la encimera y extienda la masa en un rectángulo grande, de unos 35 x 45 cm y 5 mm de grosor. Extienda la masa por todas partes con el ghee o mantequilla ablandada y luego enrolle bien como un rollo suizo. Picar en 12 trozos de tamaño uniforme.

Tome una pieza y gírela en un extremo cortado, presionando firmemente hacia abajo para formar un disco, luego enrolle el disco en un círculo aproximado de 17–18 cm y 2 mm de grosor. Repite con las piezas restantes.

Pon una sartén grande a fuego medio-alto. Una vez caliente, agregue uno de los parathas y cocine por un par de minutos, presionando la superficie con una rodaja de pescado de vez en cuando para asegurarse de que se cocine de manera uniforme. Dar la vuelta y cocinar el otro lado durante un par de minutos más. Transfiera a un plato y manténgalo caliente en un horno lento (alrededor de 110 ° C / 90 ° C Ventilador / Marca de gas $\frac{1}{4}$), cubierto sin apretar con papel de aluminio, mientras cocina los parathas restantes.

Mientras los parathas se mantienen calientes, puedes comenzar con los huevos. Coloque una cacerola de base pesada a fuego medio y agregue las semillas de comino. Dejar tostar un par de minutos antes de reducir un poco el fuego y agregar la mantequilla. Una vez que la mantequilla se haya derretido, agregue la cebolla y cocine, revolviendo ocasionalmente, durante 15 minutos aproximadamente, hasta que esté suave y con un color muy ligero.

Mezcle el jengibre, el ajo, la guindilla, la cúrcuma, la guindilla en polvo, los guisantes y los tomates y fríalos durante un par de minutos más. Agregue los huevos, sazone con sal y pimienta y revuelva brevemente para mezclar.

Deje reposar los huevos durante un par de minutos antes de revolverlos brevemente; Repita este proceso hasta que los huevos estén tiernos. Es hermoso mantener las texturas del huevo blando y las verduras un poco distintas entre sí, y si revuelve con demasiada frecuencia o con demasiada fuerza, todo se vuelve un poco triturado.

Doble a través del cilantro justo antes de servir. Sirve el huevo tan pronto como se haya endurecido, con los parathas calientes para recogerlo.

Papdi chaat

PARA 4-6 PORCIONES

para el papdi
150 g de harina común
150 g de harina integral simple
1 cucharadita de semillas de comino
1 cucharadita de semillas de ajwain
½ cucharadita de sal fina
50 g de ghee o mantequilla blanda

para los garbanzos crujientes
1 lata de garbanzos de 400 g, escurridos y enjuagados
1 cucharada de aceite vegetal
1 cucharadita de semillas de cilantro, molidas aproximadamente
1 cucharadita de semillas de comino, molidas aproximadamente
1 cucharadita de hojuelas de chile rojo
escamas de sal marina
pimienta negra recién molida

para la berenjena asada
1 berenjena, cortada en cubos de 1 cm (aproximadamente 350 g)
2 cucharadas de aceite vegetal

2 cucharaditas de
semillas de cebolla
negra (kalonji o
nigella) ½
cucharadita de
cúrcuma molida
sal y pimienta negra recién molida

para el chaat masala

1 cucharada de semillas de comino
1 cucharadita de pimienta negra en grano
1 cucharada
de polvo de
amchur
(mango
seco) $\frac{1}{2}$
cucharadita
de sal

servir
4-6 tomates en rama, picados (unos 300 g)
1 cebolla morada finamente picada
6 cucharadas de yogur natural espeso
1 cantidad de chutney de dátiles y tamarindo
1 cantidad de chutney de cilantro (ver aquí)

Para el papdi, mezcle las harinas, el comino y las semillas de ajwain con la sal. Agregue el ghee o la mantequilla y suficiente agua para juntarlo hasta obtener una masa firme, alrededor de 8 cucharadas. Inclinar sobre la encimera y amasar un par de minutos, volver a colocar en el bol, tapar y dejar reposar 30 minutos.

Precaliente el horno a 200 ° C / 180 ° C Fan / Marca de gas 6. Coloque los garbanzos en el centro de un paño de cocina limpio, levante los lados y seque bien los garbanzos presionando suavemente por todos lados. Vierta en un tazón y revuelva con el aceite, el cilantro, el comino y la guindilla. Sazone con sal y pimienta y revuelva bien para cubrir. Extienda en una sola capa sobre una bandeja de horno.

Coloca la berenjena en el mismo bol (no es necesario lavarla) y agrega el aceite vegetal, las semillas de cebolla negra y la cúrcuma. Sazone con sal y pimienta y mezcle bien. Extienda en una capa fina sobre otra bandeja para hornear. Ponga los garbanzos y la berenjena en el horno caliente y ase durante 25 a 30 minutos, volteando a la mitad. La berenjena debe estar blanda y tierna, los garbanzos crujientes y crujientes. Deje enfriar ambos a un lado.

Mientras se cocinan, prepare los chutneys. Agregue un poco más de agua a la salsa picante de dátiles y tamarindo para que sea más fácil de rociar, y mezcle la salsa picante de cilantro hasta que tenga un color un poco más pálido.

Una vez que la masa papdi haya reposado, extiéndala sobre una encimera ligeramente enharinada hasta un grosor de unos 2 mm. Pincha todo con un tenedor para evitar que se hinche demasiado al cocinar, luego corta la masa en cuadrados de unos 4 cm. Calentar el aceite en una freidora a 180 ° C / 350 ° F y freír en 2 o 3 tandas durante unos 3 minutos hasta que esté crujiente y dorado. Escurrir sobre papel de cocina y reservar.

Para hacer el chaat masala, tuesta las semillas de comino durante uno o dos minutos en una sartén seca a fuego medio.

Una vez que pueda oler el aroma que emana de la sartén, colóquelo en un molinillo de especias o un mortero, agregue los granos de pimienta y muela hasta obtener un polvo. Agregue el polvo de amchur y la sal y mezcle durante unos segundos para combinar. Vierta en un bol.

Para servir, coloque una capa de papdi sobre un plato grande para compartir o algunos platos más pequeños. Esparcir un poco de tomate y cebolla morada y cubrir con un poco de berenjena asada. Agrega unas cucharadas de yogur y chutneys, esparce sobre los crujientes garbanzos y termina con una pizca de chaat masala. Servir inmediatamente.

Rollos de kati

HACE 4 ROLLOS

500g de falda de ternera
Zumo de 1 lima
1 cucharada de aceite vegetal
2 dientes de ajo machacados
1 cucharadita de cúrcuma molida
1 cucharadita de semillas de fenogreco
½ cucharadita de granos de pimienta negra
4 dientes
8 huevos
½ cebolla morada pequeña, finamente rebanada
sal y pimienta negra recién molida

para los parathas
300 g de harina de chapati integral, o una mezcla
50:50 de harinas de pan integral y blanco
1 cucharadita de semillas de comino
1 cucharadita de sal
1 cucharada de aceite vegetal, más extra para
engrasar y freír

para la salsa picante de cilantro
2 manojos de cilantro (unos 50 g), tallos y hojas
picados
1 guindilla verde, picada

Zumo de 1 lima
1 diente de ajo picado
1 cucharadita de azúcar o al gusto

necesitará

4 brochetas de bambú o metal (si usa bambú, sumérjalas en agua fría durante una hora antes de usarlas para evitar que se quemen)

Cortar la carne en tiras de 1 cm de grosor a lo largo del grano y agregar a un tazón grande con el jugo de limón, aceite, ajo y cúrcuma. Muela el fenogreco, los granos de pimienta negra y los clavos hasta obtener un polvo fino en un molinillo de especias o un mortero y agréguelo a la carne.

Mezcle para que cada trozo de carne esté bien cubierto, cúbralo con una película adhesiva y déjelo a un lado a temperatura ambiente durante aproximadamente una hora; o si desea prepararlo con anticipación, puede dejarlo en el refrigerador durante la noche. Una vez marinado, enhebre las tiras de ternera en las brochetas.

Para hacer las parathas, mezcle la harina, el comino y la sal en un bol, luego agregue 175ml de agua y el aceite, revolviendo con una cucharada para formar una masa firme. Colocar sobre una encimera ligeramente aceitada y amasar durante 5 minutos hasta que quede suave y elástica.

Divida en 4 partes iguales y luego enrolle cada una en una serpiente larga y delgada de unos 70 cm de largo y aproximadamente del grosor de su dedo meñique. Comenzando por un extremo, enróllelo como una concha de caracol, luego use un rodillo para enrollarlo en un disco grande y plano de aproximadamente 25 cm de diámetro y 2 mm de grosor, tratando de mantener la forma lo más circular posible girándolo regularmente . Si comienza a pegarse, agregue un poco más de aceite.

Para la salsa picante de cilantro, agregue todos los ingredientes a una jarra profunda y mezcle con una batidora de mano, agregando una cucharada o dos de agua fría, lo suficiente para hacer una pasta. Sazone al gusto y reserve.

Para cocinar los parathas, tome una sartén grande y déjela a fuego alto. Una vez caliente, agregue un chorrito de aceite, extendiéndolo sobre la base de la sartén con un poco de papel de cocina arrugado. Coloque en un paratha y déjelo cocinar durante uno o dos minutos en un solo lado hasta que se dore y se hinche ligeramente. Transfiera a un plato y repita con los parathas restantes.

Reduzca el fuego a medio y agregue un poco más de aceite. Casque 2 huevos en un tazón y mezcle con un poco de sal y pimienta, luego vierta en la sartén, girando para hacer una tortilla grande y plana del mismo tamaño que las parathas.

Una vez que se haya asentado en el fondo pero todavía esté pegajoso en la superficie, coloque un paratha, con el lado cocido hacia abajo, sobre el huevo, presionando firmemente, luego voltee todo de manera que el pan crudo quede hacia abajo. Deje que se cocine un minuto más, luego transfiéralo a un plato y manténgalo caliente en un horno bajo (alrededor de 110 ° C / 90 ° C Ventilador / Marca de gas $\frac{1}{4}$) mientras repite con los huevos y parathas restantes.

Para cocinar la carne, caliente una sartén o barbacoa hasta que esté muy caliente y dore los kebabs a fuego alto hasta que estén cocidos a su gusto. Me gusta la mía crujiente por fuera pero todavía un toque rosa por dentro.

Para servir, tome uno de los parathas y esparza una generosa cucharada de chutney en el lado de la tortilla. Use un tenedor para sacar la carne de una brocheta en el medio y espolvoree un poco de cebolla en rodajas antes de enrollarla bien. Coma mientras aún está caliente, envolviendo papel a prueba de grasa alrededor de la parte inferior del rollo para que sea más fácil de comer.

Masala dosa

HACE 8-10 DOSAS

800 g de patatas, peladas y cortadas en cubos de 2 cm

3 cucharadas de aceite vegetal

2 cucharaditas de semillas de mostaza

10 hojas de curry

2 cebollas picadas

3-4 chiles verdes picantes, en rodajas

3 dientes de ajo machacados

3 cm de jengibre de raíz fresca, rallado

cucharadita de cúrcuma molida 50 g de mantequilla (opcional)

sal y cilantro picado de pimienta negra recién molida, para decorar

Chatney, servir

para la masa de dosa

400 g de arroz basmati de fácil cocción (sancochado)

200g de urid dal (lentejas negras partidas)

70g de chana dal

1 cucharadita de semillas de fenogreco

2 cucharadas de cilantro picado
1 cucharadita de sal

$\frac{1}{2}$ cucharadita de levadura de acción rápida (opcional)

2 cucharadas de agua tibia (opcional)

aceite vegetal, para freír

Para la masa de dosa, agregue el arroz, el urid dal, el chana dal y las semillas de fenogreco en un tazón y cubra con agua tibia.

Déjelo en remojo durante 6 a 8 horas. No escurra ni enjuague: eliminará las levaduras silvestres y reducirá las posibilidades de una fermentación exitosa. Trabajando en tandas, muele el arroz y las legumbres con suficiente agua de remojo para hacer una masa suave y cremosa. Una batidora de alta potencia es perfecta, ya que molerá la masa muy bien, pero también funcionaría una licuadora o un potente procesador de alimentos.

Vierta los lotes de masa en un tazón grande y revuelva con el cilantro y la sal. Cubrir con film transparente y dejar a temperatura ambiente durante la noche. Por la mañana, la masa de dosa debería haber subido y estar burbujeante en la superficie. Si no ha pasado nada, mezcle la levadura con las 2 cucharadas de agua tibia, luego revuelva la masa y déjela por 1 o 2 horas más a temperatura ambiente.

Alternativamente, si hay signos prometedores de fermentación en la primera revisión, déjelo por unas horas más sin agregar levadura. Si está brillantemente burbujeante (¡bien hecho!), Ahora puede transferir el tazón al refrigerador para detener la fermentación hasta que esté listo para cocinar; se mantendrá en el refrigerador durante unos días.

En esta etapa, es posible que deba diluir la masa batiendo con un poco de agua fría; debe ser lo suficientemente espesa como para cubrir bien el dorso de una cuchara, pero lo suficientemente delgada como para extenderse hasta formar un panqueque; la consistencia de la crema doble espesa es adecuada.

Para hacer el relleno, agregue las papas a una cacerola con agua hirviendo ligeramente salada y cocine por 12 a 15 minutos hasta que estén tiernas. Escurrir bien y dejar reposar.

Poner el aceite en una sartén generosa con las semillas de mostaza y las hojas de curry y poner a fuego medio-alto. Una vez que las semillas de mostaza comiencen a reventar, revuelva las cebollas y los chiles y reduzca el fuego al mínimo. Deje que las cebollas se cocinen lentamente hasta obtener una masa suave que se derrita, revolviendo ocasionalmente, durante unos 40 minutos.

Revuelva con el ajo, el jengibre y la cúrcuma y sazone con sal y pimienta, friendo por un par de minutos más. Agregue las papas cocidas y agregue la mantequilla, si la usa, para agregar riqueza. Revuelva bien a fuego lento durante unos minutos, machacando un poco la papa a medida que avanza. Mantenga el relleno caliente mientras prepara las dosas.

Coge una sartén grande y añade un poco de aceite. Poner a fuego medio-alto. Una vez que el aceite esté caliente, cepíllalo por toda la superficie de la sartén con un trozo de papel de cocina arrugado. Vierta un cucharón de masa en el centro y, usando la parte inferior del cucharón, gírelo rápidamente para extender la masa en una capa delgada. Deje cocinar durante uno o dos minutos, luego pruebe si está listo para girar levantando un borde con una rebanada de pescado. Debe estar dorado y crujiente.

Dar la vuelta con cuidado y cocinar el otro lado. Coloque un poco de relleno de papa en un lado y doble el otro lado sobre la parte superior. Sirve inmediatamente mientras haces el resto de las dosas, o mantén caliente en un horno bajo (alrededor de 110 ° C / 90 ° C Ventilador / Marca de gas $\frac{1}{4}$).

Adorna con un poco de cilantro y sirve con el chutney de tu preferencia.

Pollo 65

PARA 4 PERSONAS COMO MERIENDA

1 cucharada de semillas de comino
1 cucharada de semillas de cilantro
500 g de filetes de muslo de pollo sin piel, cortados
en trozos pequeños
4 cucharadas de yogur natural
3 cucharaditas de harina de arroz
2 cucharaditas de vinagre de vino tinto
3 cm de jengibre de raíz fresca, rallado
3 dientes de ajo machacados
2 cucharaditas de pimentón
1 cucharadita de hojuelas de chile, o al gusto
½ cucharadita de cúrcuma molida
1 cucharadita de aceite vegetal un puñado de hojas
de curry

2 chiles rojos, en rodajas finas

sal y pimienta negra recién molida

cebolla morada, en rodajas finas, para servir
cilantro picado, para servir rodajas de limón
(opcional), para servir

Ponga una cacerola pequeña a fuego medio y agregue el comino y las semillas de cilantro. Tostar durante uno o dos minutos hasta que pueda oler su aroma flotando desde la sartén, luego verter en un molinillo de especias o un mortero y triturar hasta obtener un polvo. Transfiera a un tazón grande.

Agrega el pollo al bol, junto con el yogur, la harina de arroz, el vinagre, el jengibre, el ajo, el pimentón, las hojuelas de chile, la cúrcuma y un poco de pimienta negra, revolviendo bien para mezclar. Tapar y dejar marinar en el frigorífico durante al menos 2 horas, o idealmente durante la noche si tienes tiempo.

Cuando esté listo para cocinar, precaliente el aceite en una freidora a 180 ° C / 350 ° F. Agregue alrededor de 6 a 8 trozos de pollo y fríalos durante 4 minutos hasta que estén dorados y bien cocidos. Transfiera a un plato forrado con papel de cocina y repita hasta que haya cocido todo el pollo.

Añadir el aceite a un wok o sartén grande y poner a fuego alto. Cuando esté caliente, agregue el pollo cocido, las hojas de curry y el chile rojo, sazone con sal y pimienta y saltee durante 2-3 minutos hasta que las hojas de curry se hayan marchitado y todo esté caliente y crujiente.

Vierta en un plato para servir, esparza con la cebolla morada y el cilantro y sirva inmediatamente con rodajas de limón para exprimir.

Caramelos de mango y cardamomo kulfi

HACE DE 6 A 12 LOLLIES, DEPENDIENDO DEL TAMAÑO Y LA FORMA DE SUS MOLDES

1 litro de leche entera
8 vainas de cardamomo verde, magulladas hasta que se abran
1 lata de 400 g de leche condensada
2 mangos maduros grandes
1 cucharadita de aceite vegetal
3 cucharadas de pistachos sin cáscara y sin sal

necesitará
moldes de paleta y palos de paleta de madera

Vierta la leche en la cacerola más grande que tenga; una olla o una cacerola para mermelada es ideal. Agregue las vainas de cardamomo y hierva a fuego alto, luego reduzca a fuego medio y cocine a fuego lento rápidamente durante 30 minutos, revolviendo regularmente hasta que la leche se haya reducido en tres cuartos. Revuelva con mucha frecuencia hacia el final de la cocción a fuego lento para evitar que la leche se queme. Está buscando que la leche se reduzca a unos 250 ml; será bastante espesa y de textura casi granular.

Retirar del fuego y colar a través de un colador fino en un tazón, usando el dorso de una cuchara de madera para empujar tanto como sea posible. Desecha las vainas de cardamomo.

Agregue la leche condensada a la leche reducida y revuelva hasta que esté bien combinada. Dejar enfriar.

Pelar y picar la pulpa del mango, agregarlo a una licuadora o licuadora junto con el jugo. Haga puré hasta que quede suave, luego cuele a través de un colador fino en la mezcla de leche, desechando cualquier fibra de mango.

Engrase ligeramente los moldes de los polos con un trozo de papel de cocina arrugado para extender una capa fina y uniforme por todo el interior. Vierta la mezcla de kulfi en los moldes y transfiera al congelador. Congele durante aproximadamente una hora más o menos hasta que la mezcla esté lo suficientemente firme como para que los palitos de caramelo se mantengan derechos. Inserte los palitos de paleta, luego congele nuevamente hasta que esté sólido.

Pon los pistachos en una sartén pequeña y tuesta a fuego medio-alto durante un par de minutos. Incline sobre una tabla de picar y pique en trozos grandes.

Retire los kulfi del congelador y déjelos calentar a temperatura ambiente durante 30 minutos antes de sacarlos de los moldes, deslizando un cuchillo de mesa por el interior para ayudarlos a sacarlos. Enróllelos en los pistachos picados y sírvalos.

Tolvas de huevo con chutney de coco y cilantro

HACE 6 TOLVAS PARA HUEVOS

100 g de crema de coco rallado
600 ml de agua hirviendo
200 g de harina de arroz
1 cucharadita de levadura de acción rápida $\frac{1}{2}$
cucharadita de aceite vegetal de azúcar en polvo,
para freír

6 huevos grandes

para el chutney de coco con cilantro
2 manojos generosos de cilantro, hojas y tallos
picados en trozos grandes

un puñado de hojas de menta

200g de pulpa de coco, fresca o congelada, jugo
rallado de 2 limas

2 o 3 chiles verdes, picados
2 dientes de ajo, picados en trozos grandes
2 cucharaditas de azúcar
sal y pimienta negra recién molida, al gusto

Agrega la crema de coco rallada a un bol grande y vierte sobre el agua hirviendo, revolviendo bien hasta que se disuelva. Deje reposar de 10 a 15 minutos hasta que el tazón esté tibio al tacto; si está demasiado caliente, matará la levadura.

Espolvorear sobre la harina, la levadura y el azúcar y batir hasta que quede suave. Tape y deje reposar durante al menos 6 horas a temperatura ambiente o durante la noche en el refrigerador.

Para la salsa picante de cilantro y coco, agregue todos los ingredientes a una jarra profunda y mezcle hasta que quede suave con una batidora de mano. Reserva para que los sabores se mezclen.

Cuando la masa para panqueques esté lista, dale un buen batidor para mezclar. Rocíe un poco de aceite en una pequeña sartén antiadherente o wok y ponga a fuego alto, esparciendo el aceite en una capa uniforme con un poco de papel de cocina arrugado. Cuando esté humeante, vierta un cucharón generoso de masa, revolviéndola rápidamente por los lados. Romper un huevo por el centro, reducir un poco el fuego y cubrir con una tapa o un trozo de papel de cocina. Cocine durante 3 minutos más o menos hasta que el huevo esté cocido a su gusto.

Use un cuchillo de mesa o una espátula para pasar la tolva de huevos de la sartén a un plato y repita con la masa restante y los huevos. Vierta la salsa picante sobre las tolvas y sirva.

Vadai de camarones con pol sambol

Rinde aproximadamente de 16 a 18 VADAI, para 4 a 6 porciones como bocadillo

200g de chana dal
1 cebolla morada, picada
1 manojo pequeño de cilantro, picado
3 o 4 chiles verdes, al gusto
2 dientes de ajo, picados en trozos grandes
25 g de jengibre de raíz fresco, rallado
1 cucharadita de cúrcuma molida
250g de gambas
crudas, peladas y
picadas sal y
pimienta negra
recién molida

para el pol sambol
200 g de coco rallado fresco o 150 g de coco desecado remojado en 50 ml de agua hirviendo durante 30 minutos
1 cebolla morada rallada
2 dientes de ajo machacados
jugo de 2 limones
3-5 cucharaditas de chile rojo seco en polvo, al gusto

1 cucharadita de salsa de pescado o 1 cucharada de hojuelas de pescado Maldivas
1 cucharadita de azúcar en polvo

Remojar el chana dal durante 2 horas en abundante agua fría, luego escurrir y colocar en un procesador de alimentos. Pulse hasta que esté finamente molido, luego agregue la cebolla, el cilantro, los chiles, el ajo, el jengibre y la cúrcuma. Sazone bien con sal y pimienta y procese hasta que quede suave. Vierta en un bol y vierta las gambas picadas, mezclándolas bien. Tome cucharadas de la mezcla y forme bolas, aplanando ligeramente en mini empanadas. Dejar de lado.

Para hacer el pol sambol, colocar el coco en una sartén grande y poner a fuego medio. Tostar, revolviendo con frecuencia, durante unos 3 minutos hasta que estén dorados en algunos lugares y aromáticos.

Retirar del fuego en un tazón grande. Revuelva con la cebolla, el ajo, el jugo de lima, la guindilla en polvo, las hojuelas o salsa de pescado, el azúcar y agregue una buena pizca de sal. Pruebe para comprobar el condimento: debe estar caliente, fuerte y un poco dulce. Agregue más chile, jugo de lima o azúcar, al gusto.

Caliente el aceite en una freidora a 180 ° C / 350 ° F. Freír el vadai en tandas durante 3 a 4 minutos hasta que estén dorados y crujientes. Escurrir brevemente sobre papel de cocina antes de servir con el pol sambol.

Huevos fritos de cúrcuma con salsa de curry

PARA 4 PERSONAS COMO UN APERITIVO GENEROSO

1 cucharada de semillas de cilantro
½ cucharadita de semillas de comino
1 cucharadita de semillas de mostaza

1 cucharadita de semillas de fenogreco

1 cucharadita de pimienta negra en grano 1 cm de canela en rama

1 hoja de laurel, cortada en trozos
1 cucharada de aceite de coco o vegetal
1 cebolla mediana rallada
2 dientes de ajo machacados
15 g de jengibre de raíz fresca, rallado
1 o 2 chiles verdes finamente picados, al gusto
½ cucharadita de pasta de camarones
3 tomates medianos, cortados por la mitad
1 lata de 400 ml de leche de coco
1 cucharadita de azúcar de coco o azúcar morena / azúcar de palma
8 huevos grandes
2 cucharaditas de cúrcuma molida
1 cucharadita de hojuelas de sal marina

aceite vegetal para freír
sal y pimienta negra recién molida
cilantro picado, para decorar
cebolla morada, en rodajas, para decorar

pan naan, para servir

Toma una cacerola grande y ponla a fuego medio-alto. Cuando esté caliente, agregue el cilantro, el comino, la mostaza, el fenogreco, los granos de pimienta negra, la rama de canela y la hoja de laurel y tueste por un minuto. Saque las especias en un molinillo de especias o un mortero y tritúrelas hasta obtener un polvo. Dejar de lado.

Agrega el coco o aceite vegetal a la sartén junto con la cebolla y sofríe a fuego medio durante 10 minutos hasta que esté suave y traslúcido. Agregue la especia en polvo, el ajo, el jengibre, la guindilla verde y la pasta de camarones y saltee durante 5 minutos más.

Comenzando por el lado cortado, ralle las mitades de tomate en la sartén hasta que llegue a la piel (deseche la piel). Revuelva bien para mezclar, agregue 250ml de agua y cocine por unos 10 minutos, revolviendo regularmente hasta que espese y se concentre. Sazone al gusto, luego agregue la leche de coco y el azúcar de coco o de palma y cocine a fuego lento durante unos 5 minutos hasta que adquiera una consistencia espesa de doble crema. En este punto puedes apagar el fuego y dejar la salsa hasta que estés lista para comer (una vez fría, guárdala en la nevera si la vas a dejar por más de 2 horas).

Cuando esté listo para comer, ponga los huevos en una sartén grande y cúbralos bien con agua fría. Poner a fuego medio-alto y llevar a ebullición. Cuando empiecen a hervir, baje un poco el fuego y cocine a fuego lento durante 4 minutos. Escurrir y dejar correr bajo agua fría hasta que se enfríe lo suficiente como para pelar. Espolvoree la cúrcuma y la sal marina en un plato grande y enrolle los huevos pelados hasta que estén cubiertos.

Vierta 1cm de aceite vegetal en un wok o sartén grande y hondo y cocine a fuego medio-alto. Cuando esté lo suficientemente caliente (pruébelo echando un cubo de pan; debe dorarse en 30 segundos), agregue con cuidado los huevos uno a la vez con una cuchara de mango largo. Fríelos hasta que estén crujientes y dorados, aproximadamente 4 minutos, volteándolos regularmente y echando un poco de aceite caliente por encima mientras se cocinan, como los huevos fritos normales.

Vuelva a calentar la salsa y divida en tazones. Cubra cada tazón con uno o dos huevos, espolvoree un poco de cilantro y rodajas de cebolla y mézclelo, recogiendo la salsa mientras come los huevos con un poco de pan naan.

Pollo al curry kottu roti

PARA 4-6 PORCIONES

600 g de filetes de muslo de pollo sin piel, cortados
en trozos pequeños
3 cucharadas de aceite vegetal o de coco
1 cebolla rallada
8 dientes de ajo, en rodajas finas
Giner de raíz fresca de 60 g: 30 g rallado, 30 g en
rodajas finas
3 tomates medianos, cortados por la mitad
1 lata de 400 ml de leche de coco
1 cucharada de vinagre de sidra
1 cucharadita de sal
4 panes roti grandes, o parathas o tortillas de
harina blanda
1 puerro, finamente rebanado
5 cebolletas, en rodajas finas
1 zanahoria, cortada en palitos
200 g de repollo blanco, en rodajas finas
3 chiles verdes picados
20 hojas frescas de curry
1 cucharada de semillas de comino
2 cucharadas de salsa de soja
2 huevos, ligeramente batidos
rodajas de lima, para servir

Polvo de especias asadas de Sri Lanka

2 cucharadas de semillas de cilantro

1 cucharada de semillas de comino

1 cucharada de arroz basmati crudo

2 cucharaditas de semillas de hinojo

1 cucharadita de semillas de fenogreco

1 cucharadita de pimienta negra en grano

1 cucharadita de semillas de mostaza

1 cucharadita de cúrcuma molida

6cm trozo de canela en rama

5 vainas de cardamomo, magulladas hasta que se abran

5 dientes

3 chiles rojos secos de Cachemira

2 ramitas de hojas frescas de curry, hojas recogidas

Comience haciendo el polvo de especias. Agrega todos los ingredientes a una sartén seca y calienta a fuego medio. Tostar las especias, revolviendo regularmente, durante unos 3 minutos hasta que adquieran un color intenso y huelan deliciosamente aromáticas. Retirar del fuego, verter en un molinillo de especias o un mortero y triturar hasta obtener un polvo.

Transfiera las especias a un tazón grande y agregue el pollo y una cucharada de aceite, mezclando bien hasta que la carne esté cubierta uniformemente. Deje reposar a temperatura ambiente durante una hora para marinar, o si desea prepararlo con anticipación, puede dejarlo en el refrigerador durante la noche.

Vierta otra cucharada de aceite en una sartén grande de base pesada y ponga a fuego medio-bajo. Agregue la cebolla, la mitad del ajo y el jengibre rallado, y sude suavemente durante 10 minutos hasta que esté transparente y suave.
Agrega el pollo, aumenta un poco el fuego y sofríe unos minutos hasta que la carne esté sellada. Finalmente, agregue el tomate, la leche de coco, el vinagre de sidra y $\frac{1}{2}$ cucharadita de sal, lleve a fuego lento y deje burbujear y reduzca durante 20 minutos, revolviendo regularmente.

Una vez cocido, deje que el curry se enfríe. Solo usa la mitad del curry, así que congele el resto para otro momento.

Cuando esté listo para comer, caliente un wok grande, una sartén o un plato para asar hasta que esté muy caliente y tueste los roti uno a la vez por ambos lados. Cuando estén todos tostados, cortar en trozos de 3 cm y reservar.

Agrega la cucharada restante de aceite a la sartén o comal y agrega el puerro, la cebolleta, la zanahoria y el repollo, sofríe a fuego fuerte por un par de minutos hasta que apenas empiece a colorear.

Agrega el jengibre en rodajas, el ajo restante, las guindillas, las hojas de curry, el comino, la soja y $\frac{1}{2}$ cucharadita de sal y sofríe por un minuto más. Empuje las verduras a un lado y agregue el huevo batido, revolviendo hasta que esté revuelto, luego mezcle con las verduras.

Agregue el curry enfriado, revolviendo hasta que todo esté bien mezclado. Finalmente, revuelva con el roti picado y cocine hasta que todo esté bien caliente. Sirva inmediatamente con rodajas de limón para exprimir.

ASIA Y AUSTRALIA

Huevos de té

HACE 8 HUEVOS DE TÉ

8 huevos
150ml de salsa de soja
2 cucharadas de hojas de té negro (de 2 bolsitas de té)
1 cucharada de azúcar granulada
4 anís estrellado
1 rama de canela, partida por la mitad
1 cucharadita de granos de pimienta de Sichuan
1 mandarina, solo pelar

Poner los huevos en una cacerola en una sola capa y cubrir bien con agua fría. Poner a fuego medio y llevar a ebullición. Reduzca el fuego a fuego lento constante y cocine durante 6 minutos. Retirar del fuego y colocar bajo agua corriente fría hasta que estén lo suficientemente fríos para manipular.

Toma un huevo y ponlo en la palma de tu mano. Con una cucharadita en la otra mano, use el dorso de la cuchara para golpear suavemente el huevo por todas partes para formar muchas grietas pequeñas, manteniendo la cáscara en el huevo. Repite con los otros huevos.

Regrese todos los huevos a la sartén, nuevamente en una sola capa, y solo cúbralos con agua fría. Agrega la salsa de soja, las hojas de té, el azúcar, el anís estrellado, la canela en rama, los granos de pimienta y la cáscara de mandarina y vuelve a colocar en el fuego a fuego medio.

Llevar a ebullición, reducir el fuego a fuego lento, tapar con una tapa y cocinar durante 2 horas. Compruebe de vez en cuando que los huevos aún estén sumergidos y rellénelos con un chorrito de agua si es necesario.

Retirar del fuego y dejar enfriar en el licor de té. Una vez frío, trasladar al frigorífico y dejar infundir un mínimo de 6 horas; se mantendrán en el frigorífico hasta por 3 días. Cuanto más empinadas, más fuertes y saladas se volverán.

Cuando esté listo para comer, simplemente pele y mastique.

Jiaozi al vapor relleno de cerdo

PARA 40 DUMPLINGS, PARA 4-6 PORCIONES

250 g de harina común, más extra para mojar
250g de carne de cerdo picada
150g de col de Saboya, muy finamente picada
1 huevo
25g de cebollino, finamente cortado
1 a 2 cm de jengibre
fresco de raíz,
finamente rallado, al
gusto 1 cucharada de
salsa de soja
1 cucharada de vino de arroz shaoxing (o jerez
seco)
1 cucharadita de sal
$\frac{1}{2}$ cucharadita de pimienta blanca, preferiblemente
recién molida

para la salsa

100 ml de salsa de soja
2 cucharadas de vinagre negro o vinagre de arroz
2 cucharaditas de aceite de sésamo
2 dientes de ajo machacados
una pizca de salsa de chile, al gusto (o use hojuelas
de chile seco)

necesitará

una vaporera de bambú grande (una vaporera normal colocada sobre su propia cacerola estaría bien)

Para los envoltorios, pesa la harina en un bol y vierte poco a poco 125ml de agua fría, revolviendo todo el tiempo, hasta que tengas una masa firme, áspera en los bordes pero sin harina suelta. Encienda la encimera y amase durante 5 minutos hasta que quede suave. Envolver en film transparente y enfriar en el frigorífico durante al menos 30 minutos.

En un tazón grande, mezcle la carne picada de cerdo, el repollo, el huevo, el cebollino, el jengibre, la salsa de soja, el vino shaoxing, la sal y la pimienta blanca. Deje marinar durante al menos 30 minutos, o más si es posible; Tanto la masa como el relleno se pueden preparar y almacenar en el frigorífico hasta por 24 horas.

Una vez que la masa haya reposado, sacarla de la nevera y cortarla por la mitad. Vuelva a envolver la mitad y reserve. Tome la otra mitad de la masa y enróllela en forma de salchicha larga y delgada de aproximadamente 1 cm de diámetro. Córtelo por la mitad, luego córtelo por la mitad nuevamente para obtener 4 piezas de tamaño uniforme. Tome cada pieza y córtela en 5 piezas iguales, volviendo a enrollar cada una brevemente en una pequeña bola a medida que avanza. Repita con la otra mitad de la masa para obtener 40 bolas en total.

Coloque una generosa cucharada de harina en un plato y tenga listo un plato vacío junto a este. Tome una bola, sumérjala en la harina y comience a enrollar en un círculo, girando la masa un cuarto de vuelta cada vez que la enrolle para mantener su forma.

Desea enrollar los envoltorios de bola de masa lo más finos posible, de aproximadamente 1 a 2 mm y de aproximadamente 9 a 10 cm de diámetro. Sumerja ambos lados de la envoltura brevemente en el plato de harina nuevamente, luego déjelo a un lado en el segundo plato. Repetir con el resto de bolas de masa, reponiendo la harina según sea necesario.

Coloque 10 envoltorios sobre la encimera en un par de filas y tenga a mano un pequeño plato de agua fría. Vierta una cucharadita generosa de relleno en el centro de cada envoltura. Deslice uno en su mano y, con un dedo limpio, aplique un poco de agua alrededor del borde de la mitad solamente.

Comience a plegar y doblar el lado sin agua hacia arriba y sobre el relleno, presionando el lado húmedo a medida que avanza para pegarlo. Tomará un poco de práctica y los primeros pueden parecer un poco toscos y listos, pero aún así sabrán muy bien, ¡así que quédese con él! Mientras el relleno esté completamente cerrado, no importa demasiado cómo se ve.

Una vez que esté todo sellado, gírelo con el lado engarzado hacia arriba, apriételo en forma de media luna y colóquelo sobre una bandeja para hornear ligeramente enharinada. Repita con los otros 9 envoltorios, luego coloque los siguientes 10 envoltorios, cubra con relleno y repita. Continúe hasta que haya agotado todo el relleno y las envolturas. Puede congelarlos en este punto: colóquelos en una bandeja para hornear para congelarlos inicialmente, luego empáquelos en una bolsa o tina y déjelos en el congelador hasta que estén listos para cocinar.

Haga la salsa para mojar agregando todos los ingredientes a un tazón pequeño y revolviendo.

Cuando esté listo para cocinar, forre la base de una vaporera de bambú grande con un círculo de pergamino para hornear y meta todos los jiaozi adentro, cómodamente pero sin tocarse entre sí. Es posible que deba cocinar en 2 lotes según el tamaño de su vaporera.

Coloque sobre un wok de agua hirviendo, asegurándose de que el agua esté más baja que el fondo de la vaporera y cubra con la tapa. Cocine al vapor durante unos 5 a 6 minutos, hasta que los envoltorios de la bola de masa se vean translúcidos. Si cocina congelada, agregue 2-3 minutos al tiempo de cocción.

Deje enfriar durante un par de minutos antes de meterlo, pero tenga cuidado ya que el relleno se calienta mucho. Sirva con la salsa para mojar al lado.

Char siu bao

HACE 12 BOLLOS

1,2 kg de panceta sin piel, cortada en tiras de 4 cm de grosor
3 dientes de ajo machacados
3 cucharadas de salsa de soja
2 cucharadas de salsa de ostras
2 cucharadas de salsa de tomate
2 cucharadas de miel
2 cucharadas de vino de arroz shaoxing (o jerez seco)
1 cucharadita de polvo de cinco especias chinas
1 cucharadita de pimienta blanca molida (idealmente recién molida)
3 cebolletas, finamente picadas
3 cm de jengibre de raíz fresca, rallado
pimienta negra recién molida

para la masa bao
500 g de harina de pan blanco fuerte
250 g de harina de maíz
1 cucharada de azúcar en polvo
1½ cucharaditas de levadura en polvo
1 cucharadita de levadura de acción rápida

1 cucharadita de sal fina 450 a 500 ml de agua
tibia

necesitará

una vaporera de bambú grande (una vaporera normal colocada sobre su propia cacerola estaría bien)

Cuelgue una bolsa grande con cierre hermético en un recipiente para mantenerla abierta y coloque las tiras de panceta adentro. Agregue el ajo, la salsa de soja, la salsa de ostras, la salsa de tomate, la miel, el vino de arroz, las cinco especias chinas en polvo y la pimienta blanca. Selle la bolsa y apriete todo muy bien para que se cubra uniformemente con la marinada. Deja marinar en la nevera un mínimo de 6 horas, o hasta 48 horas si tienes tiempo.

Comience la masa aproximadamente una hora antes de que desee armar los bollos. Vierta las harinas en una batidora equipada con un gancho para masa y agregue el azúcar, el polvo de hornear, la levadura y la sal. Mezclar durante unos segundos para combinar. Con el motor funcionando lentamente, comience a verter el agua, agregando solo lo suficiente para juntarlo como una bola suave. Amasar durante unos minutos hasta que quede suave y elástico. Alternativamente, mezcle y amase a mano. Transfiera a un tazón limpio, ligeramente engrasado, cubra y deje reposar a temperatura ambiente para que le de durante una hora.

Una vez que la carne de cerdo esté marinada, enciende una barbacoa a fuego medio. Use pinzas para levantar las costillas de la marinada y colocarlas en la parrilla. Cocine durante unos 25 minutos, volteando regularmente hasta que esté bien cocido y ligeramente carbonizado.

Mientras tanto, vierta la marinada sobrante en una cacerola pequeña y déjela hervir, cocinando por un par de minutos hasta que espese y almiba. Vierta en un bol y revuelva con las cebolletas, el jengibre y un buen molido de pimienta negra.

Una vez que la carne de cerdo se haya cocinado, tome la mitad, aproximadamente 2 a 3 rebanadas, y córtela en trozos pequeños (de $\frac{1}{2}$ a 1 cm), colocándolos en el tazón de adobo espesado, cebollas y jengibre sobre la marcha. Remueve bien para mezclar y deja enfriar un poco mientras enrollas la masa. Deje el cerdo restante a un lado para otra comida; se mantendrá hasta 3 días en el refrigerador.

Incline la masa cocida sobre una encimera ligeramente engrasada y enróllela en un tronco de 8 a 9 cm de grosor. Cortar en 12 rebanadas de tamaño uniforme y enrollar cada una en una bola. Use la palma de su mano para aplanar cada bola en la superficie de trabajo a un disco de aproximadamente 5 mm de espesor y 12 a 13 cm de diámetro.

Agregue una generosa cucharada de relleno al centro de un disco de masa. Levanta los lados hacia arriba y hacia arriba, pellizcándolos como un pequeño bolso. Dé la vuelta para que el bao quede ahora con la costura hacia abajo, ahuecando suavemente para apretarlo en una forma de bola ordenada. Repita con el resto de la masa y el relleno, alineándolos en un plato grande o bandeja para hornear a medida que avanza.

Llene hasta la mitad un wok con agua y déjelo a fuego alto para que hierva a fuego lento. Tome una vaporera de bambú y forre la base con pergamino para hornear, pinchándola por todas partes con un cuchillo pequeño afilado para que el vapor pueda pasar.

Agregue 4 bollos a la vaporera, espaciando bien, cubra con la tapa y descanse con cuidado sobre el wok de agua hirviendo. Cocine al vapor durante 15 minutos hasta que los bollos se hayan hinchado. Deslice los bollos cocidos en un plato y cocine al vapor los siguientes 4 bollos, luego repita con los últimos 4.

Estos bollos están muy calientes cuando salen del vaporizador por primera vez, así que déjelos enfriar durante 10 minutos más o menos antes de comerlos, pero definitivamente saben mejor cuando están calientes, así que mézclelos mientras cocina al vapor el último lote.

Banmian

PARA 4 PERSONAS

100 g de anchoas secas
3 dientes de ajo, en rodajas
4 chalotes de plátano, en rodajas finas (reservar
las cáscaras)
½ cucharadita de granos de pimienta blanca
6 cucharadas de aceite vegetal
120 g de hongos shiitake, en rodajas
12 langostinos grandes crudos, desvenados
400 g de choi sum o pak
choi, cortado en trozos
pequeños una pizca de
aceite de sésamo
4 huevos
sal y pimienta blanca,
preferiblemente recién
molida, al gusto de salsa
picante, para servir

para los fideos
250 g de harina común, más extra para espolvorear
2 cucharadas de aceite vegetal
1 huevo
½ cucharadita de sal fina

Para hacer los fideos, agregue la harina, el aceite, el huevo, la sal y 75ml de agua fría a una batidora de alimentos. Use el gancho para masa para mezclar y amasar hasta que quede suave, aproximadamente de 4 a 5 minutos. Alternativamente, mezcle y amase a mano. Envuelva bien en film transparente y deje reposar en el frigorífico durante una hora o hasta 24 horas.

En una cacerola grande, agregue aproximadamente dos tercios de las anchoas a 2 litros de agua fría. Agrega el ajo, las cáscaras de las chalotas (le darán a la sopa un

gran color) y los granos de pimienta. Ponga la sartén a fuego medio y deje que hierva, luego reduzca el fuego a fuego lento y cocine sin tapar durante una hora. Colar a través de un colador fino en una sartén limpia, desechando los sólidos.

Colocar el aceite vegetal en un wok y poner a fuego alto. Una vez caliente, agregue los chalotes y fría, revolviendo ocasionalmente, hasta que estén dorados y crujientes. Sacar con una espumadera y escurrir sobre papel de cocina. Agrega el resto de las anchoas y sofríe hasta que estén crujientes, volviendo a sacar y escurrir sobre papel de cocina. Picar en trozos grandes y reservar.

Para hacer los fideos, desenvuelva la masa fría y córtela en 4 trozos iguales, espolvoreando cada uno ligeramente con harina por todas partes. Si tiene una máquina para hacer pasta, enrolle cada pieza de masa lo más finamente posible. Luego cambie al rodillo de corte y corte en tiras largas y delgadas (como tallarines).

Espolvoree los fideos con más harina antes de amontonarlos en un plato o bandeja para hornear. Repite con los otros trozos de masa. Si está enrollando a mano, quite el polvo de la encimera y enrolle cada pieza en una hoja larga, tratando de que quede lo más delgada posible. Luego, usa un cuchillo pequeño y afilado para cortar en tiras, espolvorea sobre la marcha y amontona sobre el plato o la bandeja para hornear.

Lleve el caldo colado de nuevo a ebullición y agregue los champiñones. Cocine a fuego lento durante un minuto antes de agregar las gambas y el choi sum o el pak choi. Cocine a fuego lento durante uno o dos minutos más hasta que los langostinos se pongan rosados por todas partes.

Agregue los fideos, revolviendo con un tenedor a medida que avanza para evitar que se aglutinen, y déjelos hervir a fuego lento durante un par de minutos hasta que estén casi tiernos pero con un pequeño mordisco. Sazone al gusto con sal, pimienta blanca y un poco de aceite de sésamo.

Rompe los huevos, espaciándolos tanto como sea posible. Déjelos hervir a fuego lento, sin tocarlos, sobre la sopa hasta que estén cocidos a su gusto, uno o dos minutos para escalfarlos suavemente.

Sirva la sopa inmediatamente en tazones hondos, asegurándose de que todos coman un huevo, tres gambas y muchos fideos. Adorne con las chalotas fritas y los trozos de anchoa crujientes, luego un poco de salsa de chile picante para agitar mientras come (¡o sorbe!).

Tostada de huevo

PARA 1 PERSONA; FÁCILMENTE ESCALADO PARA UNA MULTITUD

2 huevos
$\frac{1}{2}$ zanahoria rallada
puñado pequeño
de col blanca
finamente picada
25 g de
mantequilla sin
sal
2 rebanadas de pan blanco suave
1 rebanada fina de queso cheddar (opcional)
1 loncha fina de jamón (opcional)

½ c
u
c
h
a
r
a
d
i
t
a

d
e

s
a
l
s
a

d
e

t
o
m
a
t
e

de

azúcar

morena

suave,

al

gu

s
t
o

d
e

s
a
l
s
a

d
e

c
h
i
l
e
,

a
l

g
u
s

t

o

sal y pimienta negra recién molida

Batir los huevos en un tazón pequeño, luego agregar la zanahoria y el repollo y mezclar bien.
Sazonar con un poco de sal y pimienta. Dejar de lado.

Derretir la mitad de la mantequilla en una sartén pequeña, preferiblemente antiadherente. Cuando esté espumoso añadir las rebanadas de pan y, presionando con una espátula, sofreírlas hasta que estén crujientes. Dar la vuelta y freír por el otro lado hasta que estén crujientes. Retirar a un plato y mantener caliente.

Agregue el resto de la mantequilla a la sartén y vierta la mezcla de huevo, extendiéndola uniformemente hasta obtener una tortilla aproximadamente del tamaño de una tostada. Cocine a fuego medio-bajo durante unos minutos hasta que cuaje, luego use una rodaja de pescado para darle la vuelta. Coloque las rebanadas de jamón y queso encima, si las usa, para que se calienten un poco, y cocine por un minuto más hasta que el huevo esté ligeramente crujiente en la parte inferior.

Coloca el huevo, el jamón y el queso sobre una de las rebanadas de pan tostado. Espolvorear sobre el azúcar morena, seguido de un buen chorrito de salsa de tomate y salsa de chile, antes de cubrir con la otra tostada. Córtelo a la mitad si lo desea, o simplemente córtelo entero y cómelo de inmediato.

Caldo de odeng

PARA 2 PORCIONES GENEROSAS O 4 COMO PARTE DE UNA COMIDA MÁS GRANDE

10 anchoas secas
½ cebolla, con piel (le
da buen color al caldo)
200g de daikon, pelado
y cortado en trozos de
4cm
4 dientes de ajo, pelados y magullados
1 cucharadita de gochugaru (pimiento rojo coreano
en polvo)
10 g de jengibre de raíz fresco, cortado en rodajas
2 cucharadas de salsa de soja
1 cucharada de vinagre de vino de arroz
100 g de odeng (pasteles de pescado coreanos) (2
hojas planas)
4 cebolletas, cortadas en diagonal, para servir
2 chiles rojos largos, finamente cortados en
diagonal, para servir

necesitará
4 brochetas de bambú

Coloque las anchoas, la cebolla, el daikon, el ajo, el gochugaru y el jengibre en una cacerola grande y vierta 1,5 litros de agua fría. Ponga a fuego medio-alto y deje hervir, luego reduzca el fuego a fuego lento y cocine, sin tapar, durante 30 minutos. Cuele en una sartén limpia, desechando todo excepto el daikon. Vuelva a agregar el daikon al caldo, junto con la salsa de soja y el vinagre de vino de arroz.

Toma una hoja de odeng, córtala por la mitad y teje a lo largo en una brocheta. Repite con los pasteles de pescado restantes y agrega todas las brochetas al caldo colado para que se sumerjan los pasteles de pescado. Cocine a fuego lento en el caldo durante 5 minutos hasta que completamente calentado. Sirve el caldo en cuencos hondos, rematados con las brochetas y espolvoreados con cebolleta y guindilla roja.

Kimbap de verduras mixtas

Rinde aproximadamente 40 kimbap, porciones aproximadamente 6

250 g de arroz blanco de grano corto (arroz para sushi)
una pizca de sal
2 cucharadas de vinagre de vino de arroz
1 cucharada de aceite de sésamo tostado, más 4 cucharaditas adicionales
2 cucharaditas de semillas de sésamo tostadas
2 huevos, ligeramente batidos con un poco de sal y pimienta
100 g de zanahorias, cortadas en palitos finos
200 g de espinacas, lavadas y agitadas para secar
5 hojas de alga nori
125 g de daikon
en escabeche,
cortado en
palitos finos de
pimienta negra
recién molida

para el aderezo de gochugaru
3 cucharadas de salsa de soja oscura
1 cucharada de aceite de sésamo tostado
1 cucharadita de vinagre de vino de arroz

3 cucharaditas de gochugaru (pimiento rojo
coreano en polvo)
1 cucharadita de azúcar en polvo
1 cucharada de ajonjolí tostado
1 diente de ajo machacado

necesitará

una estera de bambú

Vierta el arroz en un colador y enjuague bien con agua corriente fría, luego agregue a una cacerola junto con 375 ml de agua fría y la sal. Poner a fuego medio y llevar a ebullición, luego tapar con una tapa y reducir el fuego al mínimo, dejando hervir a fuego lento durante 15 minutos. Apagar el fuego y dejar reposar tapado 15 minutos más. Condimente el arroz con el vinagre de vino de arroz, 1 cucharada de aceite de sésamo y semillas de sésamo tostadas. Reserva mientras preparas los rellenos.

Haga una tortilla agregando 1 cucharadita de aceite de sésamo en una sartén pequeña y poniéndola a fuego alto. Cuando esté muy caliente, inclina el huevo batido, usando un tenedor para quitar los bordes cocidos de los lados de la sartén para permitir que el huevo crudo se deslice y entre en contacto con la base. Si su sartén está lo suficientemente caliente, debería tardar menos de un minuto en cocinarse. Deslizar sobre una tabla y cortar en tiras de 1 cm. Dejar de lado.

Limpiar la sartén con papel de cocina, añadir otra cucharadita de aceite de sésamo y volver a poner al fuego. Agrega las zanahorias y sofríe durante un par de minutos para que se ablanden un poco. Todavía deberían tener mucho crujido. Dejar de lado.

Agregue la espinaca húmeda a una cacerola grande y cocine a fuego medio. Cubra con una tapa hermética y deje que se marchite durante unos minutos, revolviendo una o dos veces para asegurarse de que se marchite uniformemente. Deje enfriar hasta que pueda manejarlo, luego exprima la mayor cantidad de agua posible. Picar en trozos grandes y rociar sobre una cucharadita de aceite de sésamo y sazonar con un poco de pimienta negra molida. Dejar de lado.

Prepara el aderezo mezclando todos los ingredientes en un bol.

Cuando esté listo para rodar, despeje la encimera para tener suficiente espacio y coloque la estera de bambú frente a usted, con el lado largo hacia usted. Coloque una hoja de algas, con el lado brillante hacia abajo, sobre el tapete. Tome una cucharada del arroz sazonado y extiéndalo en una capa uniforme sobre los dos tercios inferiores de la hoja, dejando un borde de 1 cm alrededor. Si quieres asegurarte de dividir la olla de arroz de manera uniforme, extiende las 5 hojas de algas y esparce el arroz sobre todas ellas. Luego, puede deslizarlos sobre el tapete uno por uno.

Ahora es el momento de agregar los rellenos: desea alinearlos sobre el arroz en filas ordenadas, lo más cerca posible entre sí, comenzando con las zanahorias más alejadas de usted, dejando un margen de 2 cm de arroz simple. Sigue las zanahorias con las espinacas, la tortilla y por último el daikon.

Para enrollar, comience en el borde más cercano a usted y enrolle el tapete sobre el arroz, metiendo primero el borde de la hoja de algas. Continúe rodando, use el tapete para ayudarlo y presione firmemente a medida que avanza para apretar todo con fuerza en forma de salchicha. Una vez que llegues al otro borde de la hoja de algas, humedécelo con un poco de agua antes de enrollarlo completamente para pegar las algas. Se necesita un poco de práctica, pero una vez que lo domines, ¡trabajarás rápido! Repita con las hojas y rellenos restantes.

Toma un cuchillo muy afilado y usa un trozo de papel de cocina para aplicar un poco de aceite de sésamo en la hoja. Esto ayudará a evitar que se pegue. Corta cada rollo en generosos trozos de 1 cm, reengrasando el cuchillo de vez en cuando.

Cómelo de inmediato con la salsa para mojar al lado o refrigérelo hasta que lo necesite.

Fideos Yakisoba con cerdo y verduras

PARA 2 PERSONAS GENEROSAMENTE

250 g de fideos ramen frescos o 125 g de fideos
de huevo secos gruesos

1 cucharada de aceite vegetal, más 1 cucharadita

1 cebolla, finamente rebanada

250 g de filete de cerdo, en rodajas finas y luego
cortado en trozos pequeños

150 g de judías verdes, coronadas, con cola y
picadas en trozos de 3 cm

150 g de repollo, rallado (yo uso Savoy; cualquiera
está bien)

2 zanahorias medianas, cortadas en porciones finas

2 dientes de ajo, en rodajas

aonori (alga nori

en polvo), para

servir tiras de

benishoga

(jengibre rojo

en escabeche),

para servir

para la salsa

3 cucharadas de salsa de soja

2 cucharadas de salsa Worcestershire

2 cucharadas de mirin
1 cucharada de salsa de tomate
1 cucharada de vinagre de vino de arroz
1 cucharadita de pimienta negra recién molida

Cocine los fideos de acuerdo con las instrucciones del paquete. Escurrir bien y echar una cucharadita de aceite para evitar que se agrupen. Dejar de lado.

Mezclar todos los ingredientes para la salsa en un tazón pequeño y dejar listo.

junto a la estufa.

Agregue una cucharada de aceite a un wok grande y ponga a fuego alto. Cuando esté humeante, agrega las cebollas y sofríe durante 2 minutos. Agregue el filete de cerdo y saltee durante 3 minutos más antes de agregar las judías verdes, el repollo, las zanahorias y el ajo. Agregue 3 cucharadas de agua fría y saltee durante otros 4 minutos más o menos hasta que las verduras estén tiernas pero aún crujientes. Vierta la salsa y saltee durante un minuto antes de agregar los fideos cocidos y revuelva hasta que esté bien caliente.

Póngalas en tazones y sírvalas inmediatamente, espolvoreadas con las tiras de aonori y benishoga.

Brochetas de pollo Yakitori

PARA 8 PINCHOS, PARA 4 PORCIONES

600 g de filetes de muslo de pollo, cortados en cubos de 3 cm
6 cebolletas, cortadas en trozos de 2 cm
1 cucharada de aceite vegetal

para la salsa tara
100 ml de salsa de soja
Mirin 100ml
100 ml de sake
1 cm de
jengibre de
raíz fresca,
finamente
rallado 2
cucharadita
s de azúcar
morena
suave

necesitará
8 brochetas de metal o bambú (si usa bambú, sumérjalas en agua fría durante una hora para evitar que se quemen)

Para la salsa tara, agregue todos los ingredientes en una cacerola pequeña a fuego medio-bajo y lleve a ebullición. Deje hervir a fuego lento hasta que su volumen se reduzca a la mitad, aproximadamente de 15 a 20 minutos. Dividir en 2 platos pequeños y dejar enfriar. Un plato se usa como salsa para mojar, el otro para glasear las brochetas mientras se cocinan; dividirlas evita la contaminación de la carne cruda mientras se cepilla con el glaseado.

Pasar el pollo y las cebolletas en las brochetas y untar con un poco de aceite vegetal.

Encienda una barbacoa hasta que esté caliente, o coloque una sartén grande con bordes a fuego alto sobre la encimera y luego sobre los kebabs. Coge uno de los cuencos de salsa y, con un pincel, barniza la parte superior de las brochetas. Después de un par de minutos, dale la vuelta a las brochetas y úntalas con más salsa. Continúe volteando y untando las brochetas con salsa hasta que estén cocidas, alrededor de 10 a 12 minutos, dependiendo del grosor del pollo.

Sirva los kebabs inmediatamente con el segundo plato de salsa para mojar.

Brochetas de pollo Yakitori

Rollitos de pollo Karaage con mayonesa de algas

PARA 6 PERSONAS COMO MERIENDA

400 g de filetes de muslo
de pollo, con piel,
cortados en trozos de 5
cm 60 ml de salsa de soja
2 cucharadas de sake
una pizca de azúcar en polvo
1 cucharadita de jengibre rallado
75 g de harina de patata
aceite vegetal, para freír
6 panecillos blandos pequeños
200g de
col blanca
picada muy
finamente
un puñado
de berros
1 cebolla morada pequeña, muy finamente picada
1 cucharadita de shichimi togarashi
(pimienta japonesa de siete especias)
(opcional) sal

para la mayonesa de algas

ralladura de 1 limón, más
1 cucharada de jugo de
limón 1 cucharada de
aonori (alga verde
japonesa seca) 250 g de
mayonesa japonesa

Coloque los trozos de pollo en un bol y agregue la
salsa de soja, el sake y el azúcar. Exprime el
jengibre rallado entre tus dedos, agregando el jugo
al bol

y descartar los sólidos. Revuelva para cubrir y deje marinar durante unos 5 minutos.

Coloque la harina de papa en un tazón grande y revuelva con una pizca de sal. Retire el pollo de la marinada con palillos y colóquelo en la harina, una pieza a la vez; agregar las piezas una a la vez evita que vierta demasiada marinada y evita que el pollo se pegue. Untar el pollo con la harina, sacudir el exceso y reservar sin tapar y sacar de la nevera mientras se calienta el aceite. Este secado al aire creará una corteza más crujiente.

Llene hasta la mitad una cacerola grande o wok con aceite vegetal y caliente a unos 190 ° C / 375 ° F. Es posible que deba freír el pollo en 2 o 3 tandas para no reducir demasiado la temperatura del aceite. Fríe el pollo por un minuto. Retirar el pollo a una rejilla y dejar reposar 30 segundos. Regrese el pollo al aceite y fríalo por 30 segundos, y luego déjelo reposar en la rejilla por 30 segundos. Transfiera el pollo nuevamente al aceite por una última ráfaga de 30 segundos y luego descanse en la rejilla durante 2 minutos, sazonando con $\frac{1}{4}$ de cucharadita de sal.

Para la mayonesa de algas, mezcle todos los ingredientes hasta que estén bien combinados.

Corta los panecillos por la mitad y tuesta ligeramente solo por dentro. Rellenar con un poco de col, berros y cebolla. Agregue el pollo frito y la mayonesa y cubra con un poco de shichimi togarashi, si lo usa.

Daigaku imo

2-4 PORCIONES

1 batatas grandes (o 2 pequeñas) (idealmente la
variedad de piel morada y pulpa amarilla)
3 cucharadas de aceite vegetal
5 cucharadas de azúcar en polvo
$\frac{1}{4}$ de cucharadita de salsa de soja
ralladura de 1
lima, más el
jugo de $\frac{1}{2}$ lima
1 cucharadita
de semillas de
sésamo negro

Lavar bien el boniato (no pelarlo) y cortarlo en
gajos irregulares de no más de 3 cm de grosor.
Remoje las rodajas en agua fría durante 20 a 30
minutos para eliminar el exceso de almidón, luego
séquelas completamente con papel de cocina o un
paño de cocina limpio.

Coloque el aceite, el azúcar, la salsa de soja, la ralladura de lima y el jugo en una sartén profunda a fuego lento y revuelva. Agregue las papas a la sartén, mezcle para cubrir con la mezcla de azúcar y aumente el fuego a medio. Tapa la cacerola y deja calentar hasta que escuches chisporrotear. Baje el fuego a medio-bajo y cocine por 2 a 3 minutos más, luego retire la tapa y cocine por otros 10 minutos más o menos, volteando las papas con frecuencia para asegurarse de que se doren ligeramente por todos lados. Las papas estarán listas cuando las puedas perforar fácilmente con un palillo o un cuchillo de mantequilla.

Cuando las papas estén tiernas y bien doradas, apague el fuego y revuelva con las semillas de sésamo. Deje enfriar un poco, luego disfrútelos solos o con helado de vainilla.

Momos de pollo

HACE UNOS 40 DUMPLINGS

350 g de filetes de muslo de pollo, picados en
trozos grandes
1 cebolla, picada
3 cebolletas, picadas
2 dientes de ajo picados
1 cucharada de semillas de comino tostadas

¼ c
u
c
h
a
r
a
d
i
t
a

d
e

n
u
e
z

m
o
s
c
a
d
a

molida

un

puñado

de

cilantro

f
r
e
s
c
o
sal y pimienta negra recién molida

para los envoltorios
1 cantidad de envoltorios jiaozi (ver aquí)
harina, para mojar

para el chutney de chile en escabeche
12 chiles rojos secos, picados en trozos grandes
2 cucharadas de vinagre de vino blanco
1 cebolla pequeña, picada
2 tomates maduros medianos, picados en trozos
grandes
3 dientes de ajo

necesitará
una vaporera de bambú grande (una vaporera
normal colocada sobre su propia cacerola sería

multa)

Para hacer la salsa picante, agregue los chiles a un tazón pequeño y vierta sobre el vinagre. Deje en remojo durante al menos 12 horas, idealmente durante la noche.

Coloque los chiles y el vinagre (que se habrá absorbido en su mayor parte) en un procesador de alimentos, junto con la cebolla, los tomates, el ajo y una pizca grande de sal. Procese hasta que quede suave. Pruebe, agregando un poco más de sal si es necesario y un poco de pimienta negra. Vierta en un tazón pequeño y déjelo a un lado a temperatura ambiente.

Para hacer el relleno, coloca el pollo en un procesador de alimentos y pulsa hasta que esté picado. Agrega la cebolla, la cebolleta, el ajo, el comino, la nuez moscada, el cilantro, $\frac{1}{2}$ cucharadita de sal y un poco de pimienta negra y pulsa hasta obtener una pasta suave. Vierta en un tazón, cubra y enfríe durante al menos una hora para que se desarrollen los sabores; durante la noche está bien.

Para hacer los envoltorios de bola de masa, siga las instrucciones de jiaozi aquí , incluido el despliegue, pero el plegado es diferente, así que deténgase una vez que haya desplegado 40 envoltorios. Alinee 10 envoltorios en 2 filas sobre una encimera ligeramente enharinada. Tenga a mano un tazón pequeño de agua fría, junto con un plato de harina para mojar los momos terminados.

Pon una cucharadita de relleno en el centro de cada envoltorio. Tome una, colocada en la palma de una mano o frente a usted en la encimera, y aplique un poco de agua solo alrededor de la mitad. Comience a hacer pequeños pliegues alrededor del relleno, dibujando los pliegues hacia arriba para que se unan en el centro y se peguen. Una vez que haya doblado todo el contorno, gire un poco los pliegues en el sentido de las agujas del reloj para sellar completamente el relleno. Sumerja la base en el plato de harina y alinee en una bandeja para hornear. Repita con las 9 envolturas restantes, luego coloque las siguientes 10 envolturas y repita. Haga esto hasta que haya agotado los 40 envoltorios y el relleno. Puede congelarlos en este punto: colóquelos en una bandeja para hornear para congelarlos inicialmente, luego empáquelos en una bolsa o tina y congele hasta que estén listos para cocinar.

Cuando esté listo para cocinar, forre la base de una vaporera de bambú grande con un círculo de pergamino para hornear y meta todas las bolas de masa adentro, cómodamente pero sin tocarse entre sí. Es posible que deba cocinar en 2 lotes según el tamaño de su vaporera. Coloque sobre un wok de agua hirviendo, asegurándose de que el agua esté más baja que el fondo de la vaporera y cubra con la tapa. Vapor por aproximadamente

5-6 minutos, hasta que los envoltorios de las bolas de masa se vean translúcidos. Si cocina congelada, agregue 2-3 minutos al tiempo de cocción. Sirva con el chutney en escabeche al lado.

Pad thai

PARA 2 PERSONAS

150 g de fideos de arroz planos secos
1 cucharada colmada de camarones secos
2 cucharadas de agua de tamarindo (hecha de 1 cucharada de concentrado de tamarindo mezclado con 1 cucharada de agua tibia)
1 cucharada de azúcar morena suave
2 cucharadas de salsa de pescado
una pizca de hojuelas de chile seco, o más al gusto
60 g de judías verdes, coronadas y con cola y cortadas en trozos de 2 cm
1 zanahoria mediana, cortada en cubitos
1 cucharada de aceite vegetal
2 cebolletas picadas
1 diente de ajo graso, finamente picado
180g de langostinos crudos (pelados)
un puñado de cilantro, picado
2 huevos, ligeramente batidos con un poco de sal y pimienta
100g de brotes de soja
60g de cacahuetes, picados
rodajas de lima, para servir
salsa de chile dulce, para servir

Remojar los fideos durante una hora en agua fría, escurrir y reservar. Coloque los camarones secos en un vaso o taza pequeña resistente al calor y cúbralos bien con agua hirviendo. Dejar en remojo durante 15 minutos, luego escurrir y picar en trozos grandes.

En un tazón pequeño, mezcle el agua de tamarindo, el azúcar, la salsa de pescado y las hojuelas de chile. Revuelva bien hasta que el azúcar se haya disuelto. Pruebe una pequeña cantidad: debe ser un buen equilibrio de dulce, agrio y salado, con un pequeño toque de guindilla. Ajústese al gusto con más de todo, de manera constante, ya que es más fácil agregar que tomar

¡fuera!

Escaldar las judías verdes y las zanahorias en agua hirviendo durante 3 minutos hasta que estén tiernas pero con mucho mordisco. Escurrir y reservar.

Ponga un wok a fuego alto y agregue el aceite vegetal. Cuando esté caliente, agregue las cebolletas, el ajo, las zanahorias, los frijoles y las gambas crudas, sofreír durante un par de minutos hasta que las gambas estén recién cocidas.

Agregue los camarones secos picados y el agua de tamarindo y saltee durante un minuto más antes de verter los fideos y el cilantro, revolviendo hasta que estén bien cubiertos. Empuje los fideos a un lado del wok y vierta el huevo batido, revolviendo ligeramente hasta que esté listo. Apague el fuego, agregue los brotes de soja y la mitad del maní y mezcle todo.

Sirva inmediatamente en tazones calientes, esparcidos con el maní restante.
Sirve con las rodajas de lima y la salsa de chile dulce.

Lok lak de ternera

PARA 2 PERSONAS

350 g de filete de falda de res, cortado en rodajas finas a lo largo de la fibra (o use su corte favorito)

3 cucharadas de salsa de soja

1 cucharada de salsa de ostras

1 cucharada de salsa de tomate

1 cucharadita de salsa de pescado

2 dientes de ajo, en rodajas

2 puñados de hojas suaves de lechuga

2 tomates maduros, en rodajas

$\frac{1}{4}$ de pepino, en rodajas

2 cucharadas de aceite vegetal

1 cucharadita de harina de maíz, mezclada hasta formar una pasta con 1 cucharadita de agua fría

2 huevos

2 cebolletas, pimienta negra

recién molida en rodajas

f
i
n
a
s

para el aderezo
1 cucharadita colmada de granos de pimienta negra
Zumo de 1 lima
1 cucharadita de salsa de pescado
1 cucharadita de azúcar en polvo

Coloque las tiras de carne en un recipiente no
metálico y agregue la salsa de soja, salsa de ostras,

ketchup, salsa de pescado, ajo y un generoso molido de pimienta negra. Revuelva bien para mezclar, cubra con film transparente y déjelo marinar en el refrigerador por un mínimo de 2 horas, o idealmente durante la noche.

Haga la salsa para mojar moliendo los granos de pimienta en un molinillo de especias o con un mortero y un mortero hasta que estén finamente molidos. Incorpora el jugo de lima, la salsa de pescado y el azúcar, revolviendo bien hasta que el azúcar se haya disuelto. Dejar de lado.

Coloca la lechuga, el tomate y el pepino en 2 platos.

Caliente 1 cucharada de aceite en un wok hasta que esté humeante, luego agregue la carne y saltee durante unos minutos hasta que esté casi cocida a su gusto. Revuelva rápidamente la pasta de harina de maíz y espese a fuego alto durante un minuto más. Apague el fuego debajo del wok y manténgalo caliente.

Agrega el aceite restante a una sartén y calienta a fuego medio-alto. Cuando esté caliente, rompe los huevos y fríelos hasta que estén cocidos a tu gusto.

Coloque la carne encima de cada plato de ensalada y cubra con un huevo frito. Esparcir sobre la cebolleta, rociar sobre el aderezo y servir de inmediato.

Costillas de cerdo a la plancha con hierba de limón

PARA 4-6 PORCIONES, DEPENDIENDO DE LA CODICIA!

1,3 kg de costillas de cerdo carnosas
jugo de lima y gajos, para servir
2 o 3 chiles rojos de ojo de pájaro, en rodajas finas, para servir

para el adobo
80 g de jengibre de raíz fresco, picado
1 cabeza de ajo entera, los dientes pelados y picados
2 palitos de limoncillo, las hojas exteriores desechadas, el interior cortado en trozos grandes
4 cucharadas de miel
4 cucharadas de salsa de soja
3 cucharadas de salsa de pescado
1 cucharada de granos de pimienta negra, finamente molidos

Cuelga una bolsa con cierre hermético en un tazón para mantenerla abierta y coloca las costillas de cerdo dentro. Agregue todos los ingredientes de la marinada a una jarra profunda y presione con una batidora hasta obtener una pasta suave. Alternativamente, mézclelos todos en un procesador de alimentos. Coloca la marinada en la bolsa y agita la bolsa para mezclarla. Selle bien la bolsa y déjela en la nevera el mayor tiempo posible, idealmente durante la noche. Si puede, dé la vuelta a la bolsa varias veces para que la marinada siga circulando.

Cuando esté listo para cocinar, encienda la barbacoa. Quieres cocinar las costillas lentamente a una temperatura media-baja, que es fácil de controlar si está usando gas. Con el carbón, la temperatura es más difícil de controlar, así que empuje las brasas hacia un lado de la barbacoa y cocine las costillas en el lado sin carbón. Si tiene un termómetro para parrilla (uno que se apoya directamente sobre las barras de la parrilla), querrá que se mueva alrededor de los 100 ° C (210 ° F).

Cocine las costillas, volteándolas regularmente, hasta que estén crujientes y caramelizadas por fuera y tiernas por dentro. Idealmente, esto tomará aproximadamente una hora si el calor es agradable y bajo. Para servir, amontone las costillas en un plato, exprima un poco de jugo de limón y espolvoree con los chiles picados.

Carne de cerdo y pimienta verde

PARA 2 PERSONAS

350g de filete de cerdo
50 g de granos de pimienta verde
2 cucharadas de aceite vegetal
6 cebolletas, cortadas en diagonal
3 dientes de ajo, en rodajas finas
3 cucharadas de salsa de soja oscura
2 cucharaditas de salsa de pescado
2 cucharaditas de salsa de ostras
1 cucharadita de azúcar morena suave
arroz al vapor, para servir

Corta el filete de cerdo a lo largo para obtener 2 trozos largos. Envuelva cada uno en una película adhesiva y colóquelo en el congelador durante 30 a 45 minutos para que se endurezca; esto le ayuda a cortarlo muy fino. Retirar del congelador, desenvolver y cortar en rodajas muy finas a lo largo del grano en tiras de 2 mm.

Machaca los granos de pimienta verde, ya sea con la parte plana de un cuchillo grande o triturándolos suavemente con un mortero, para que se abran un poco y suelten su aroma.

Añadir el aceite a un wok y poner a fuego alto. Una vez caliente, agregue la carne de cerdo y los granos de pimienta y saltee durante un par de minutos, dejando que la carne tome un poco de color en algunos lugares. Agrega las cebolletas y el ajo y sofríe un par de minutos más. Finalmente agregue la salsa de soja, la salsa de pescado, la salsa de ostras y el azúcar, junto con un par de cucharadas de agua y sofreír durante uno o dos minutos hasta que la salsa esté rica y espesa.

Sirva inmediatamente con abundante arroz al vapor.

Goi cuon con nuac cham

HACE 12 ROLLOS DE PRIMAVERA, PARA 4-6 PORCIONES

1 cucharadita de sal
18 langostinos crudos grandes
120g de fideos de arroz secos
1 lechuga blanda, hojas separadas y cortadas por la mitad, sin el borde central duro
1 zanahoria mediana rallada
un puñado de hojas de menta
un puñado de hojas de cilantro
12 cebolletas largas, cortadas por la mitad
12 envoltorios de rollitos de primavera de arroz grandes (22 cm)

para la salsa nuoc cham
jugo de 2 limones
2 cucharadas de salsa de pescado
2 dientes de ajo finamente picados
2-3 cucharaditas de azúcar en polvo, al gusto
1 o 2 chiles rojos de ojo de pájaro, finamente picados (quitar las semillas para una salsa más suave)
1 cm de jengibre fresco de raíz, rallado finamente hasta obtener una pasta

Prepare la salsa para mojar mezclando todos los ingredientes en un tazón pequeño. Comience con una menor cantidad de azúcar, agregando un poco más al gusto. Debe tener un buen equilibrio entre agrio, dulce, salado y picante. Reserva para que los sabores se mezclen.

Lleve a ebullición una cacerola pequeña con agua, agregando la sal a medida que se calienta. Cuando esté hirviendo, agregue los langostinos, reduzca el fuego a fuego lento y cocine a fuego lento el tiempo suficiente para que se pongan completamente rosados, aproximadamente 1 a 2 minutos. Escurrir y dejar enfriar un poco. Cortar por la mitad a lo largo y reservar.

Agregue los fideos de arroz a un bol y vierta suficiente agua hirviendo para cubrir bien. Cuando comience a ablandarse, revuelva con un tenedor para separar los fideos. Dejar reposar 4 minutos hasta que estén blandas pero con un pequeño mordisco. Escurrir bien y enjuagar con agua corriente fría para detener la cocción. Dejar de lado.

Para hacer los rollitos de primavera, alinee los rellenos (gambas cocidas, lechuga, fideos, zanahoria y hierbas) en tazones pequeños sobre una superficie de trabajo limpia.

Llene un plato hondo o un tazón poco profundo (lo suficientemente grande como para que quepa una sola envoltura de arroz en una capa plana y sin arrugas) con agua fría junto a los rellenos. Tome una envoltura de arroz y colóquela en el agua, sumergiéndola por completo durante 1 a 2 minutos, el tiempo suficiente para que sea flexible pero no demasiado blanda. Retire inmediatamente y colóquelo frente a usted en la encimera. Tome 3 mitades de gambas y colóquelas con el lado cortado hacia arriba en una línea en el centro. Tome un par de mitades de hojas de lechuga y enrolle en forma de cigarro, colocando encima de las gambas. Agregue un poco de fideos de arroz encima, nuevamente en forma de cigarro, y espolvoree una pizca grande de zanahoria rallada. Cubra con una generosa cantidad de menta y cilantro, y coloque sobre 2 piezas de cebollino. Coloque el borde inferior de la envoltura firmemente sobre el relleno, luego doble los lados para que el relleno quede bien contenido en cada extremo. Enrolle firmemente, exprimiendo el aire a medida que avanza, de modo que todo quede completamente sellado. Transfiera a un plato. Repita con las envolturas y rellenos restantes.

Para servir, corte cada rollo por la mitad en diagonal y sírvalo con la salsa para mojar al lado.

Banh xeo con pollo y champiñones

HACE 4 PANCAKES

2 cucharadas de aceite vegetal
1 cebolla, finamente rebanada
250 g de hongos shiitake, en rodajas
2 dientes de ajo machacados
2 puñados de pollo asado sobrante
un puñado de brotes de soja
un puñado de hojas de menta
un puñado de hojas de cilantro
2 cebolletas,
cortadas en
cerillas finas,
sal y pimienta
negra recién
molida
1 cantidad de salsa para mojar nuoc cham (ver aquí
), servir

para los panqueques
125 g de harina de arroz
1 cucharadita colmada de cúrcuma molida
1 cucharadita de sal
1 lata de 400 ml de leche de coco

Haga la masa para panqueques pesando la harina en un tazón grande y revolviendo la cúrcuma y la sal. Vierta la leche de coco y comience a agregar un poco de agua fría, aproximadamente 200 ml, batiendo continuamente hasta obtener una masa suave. Debe tener la consistencia de una crema doble. Cubrir con film transparente y dejar reposar a temperatura ambiente un par de horas.

Cuando esté listo para cocinar, agregue una cucharada de aceite a una sartén y cocine a fuego medio. Agrega la cebolla y sofríe por 3 minutos, luego agrega los champiñones y un condimento de sal y pimienta y sofríe por unos minutos hasta que empiecen a ablandarse. Agregue el ajo y cocine por un minuto más, luego agregue el pollo desmenuzado y saltee por un minuto más hasta que esté caliente. Manténgase caliente mientras prepara los panqueques.

En otra sartén (preferiblemente antiadherente) añadir un chorrito de aceite y poner a fuego fuerte. Tienes que dejar que la sartén se caliente mucho. Cuando crea que está lo suficientemente caliente, espere otros 30 segundos más o menos para estar seguro. Mezcle rápidamente la masa; se habrá espesado un poco, así que mezcle un poco más de agua fría para que vuelva a tener una consistencia de crema doble. Luego, vierte un cucharón en la sartén, girándolo para que se extienda y forme un panqueque delgado. Cubra la sartén con una tapa o papel de aluminio que encaje bien y déjela cocinar durante unos 3 minutos. La parte inferior del panqueque debe estar muy crujiente y los bordes deben salir de la sartén. Use una rebanada de pescado para transferir a un plato para servir y luego vierta una cuarta parte del relleno de champiñones y pollo en la mitad. Esparcir algunos brotes de soja, hierbas y cebolletas antes de doblar para cubrir.

Repita con la masa restante y el relleno para hacer 3 panqueques más. Coma mientras aún está caliente, con la salsa nuoc cham acompañada.

205

Bun bo tono

PARA 8 PERSONAS

900g de huesos de ternera
900g de huesos de cerdo
900g de espinilla de ternera
1 tendón de espinilla de res (opcional)
450g de corvejón de cerdo
1 cebolla, finamente rebanada
4 cucharadas de salsa de pescado
2 cucharadas de aceite vegetal
1 cucharadita de pimienta de cayena
1 cucharadita de pasta de camarones, diluida en
agua fría
2 tallos de limoncillo, las partes blancas magulladas
y cortadas a lo largo; partes verdes hechas en un
bouquet garni
1 cucharadita de azúcar granulada
675g de fideos de arroz de grosor medio
sal y pimienta negra recién molida
6 cebolletas, en rodajas finas, para decorar
manojo pequeño de cilantro, finamente picado, para
decorar

servir
repollo morado, en rodajas finas
rodajas de limón

pasta de camarones

Primero, prepare los huesos y las carnes. Espolvorear generosamente con sal, dejar actuar durante un máximo de 15 minutos, luego enjuagar con agua fría y utilizar los gránulos de sal para eliminar las impurezas.

Lleve a ebullición una olla con agua ligeramente salada y hierva los huesos y las carnes durante 2 minutos, luego escurra. Recorta las carnes, reservando el tendón de res, si lo usas, para la sopa. Cortar la carne en rodajas de aproximadamente 6 cm de largo y 5 mm de grosor. En un tazón grande, mezcle la carne en rodajas, la mitad de la cebolla y 1 cucharada de salsa de pescado y sazone con pimienta.

En una olla limpia a fuego medio-alto, caliente el aceite y saltee la cebolla restante hasta que esté fragante. Agregue la mezcla de cayena y carne, revolviendo con frecuencia. Agregue la pasta de camarones, la hierba de limón y el tendón de res reservado, baje el fuego a medio y saltee hasta que la carne se dore por completo. Regrese los huesos y el cerdo a la olla, cúbralos con agua (alrededor de 7 litros) y lleve a ebullición. Agregue la salsa de pescado restante, el azúcar y la sal al gusto. Reduzca el fuego y cocine a fuego lento durante aproximadamente 3 horas, parcialmente tapado, hasta que la carne de res y cerdo estén tiernas. Retire las carnes y cocine a fuego lento los huesos durante una hora más. Retire y deseche los huesos.

Hacia el final del tiempo de cocción a fuego lento, cocine los fideos de acuerdo con las instrucciones del paquete, hasta que estén al dente.

Sirva la sopa sobre los fideos, la ternera y el cerdo. Adorne con la cebolleta y el cilantro, y sirva con el repollo, las rodajas de lima y la pasta de camarones.

Sate sotong con kecap de sambal

HACE 4 KEBABS GRANDES O 8 MÁS PEQUEÑOS

500g de calamares (uno grande o varios más pequeños), limpios
1 cucharadita de semillas de comino
1 cucharadita de semillas de cilantro
25 g de jengibre de raíz fresca, finamente rallado
Zumo de 1 lima
1 diente de ajo machacado
1 cucharadita de azúcar morena suave
1 cucharada de aceite vegetal
1 cucharada de salsa de soja
sal y pimienta
negra recién
molida, al
gusto gajos de
lima, para
servir

para el kecap sambal
5 cucharadas de kecap manis (salsa de soja dulce)
1 cucharada de salsa de soja ligera
4 chiles ojo de pájaro, finamente picados
2 dientes de ajo machacados

1

c
h
a
l
o
t
a
,

r
a
l
l
a
d
u
r
a

m
u
y

f

i
n
a
m
e
n
t
e

p
i
c
a
d
a

y

j
u
g
o

d
e

1

l
i
m
a

necesitará

4-8 brochetas de bambú o de metal (si usa bambú, sumérjalas en agua fría durante una hora para evitar que se quemen)

Retira y desecha la membrana exterior del calamar, o pídele a tu pescadero que lo haga por ti, si lo prefieres. Dale al calamar un buen enjuague con agua corriente fría, por dentro y por fuera, ya que a menudo hay algo de arena al acecho en el fondo.

la cavidad corporal. Cortar las dos alas y cortar en tiras de 2 cm, luego cortar el cuerpo en aros de 2 cm y colocar todas las piezas en un tazón grande.

Coloque el comino y el cilantro en una sartén pequeña y tueste a fuego medio durante uno o dos minutos hasta que pueda oler su aroma flotando desde la sartén. Vierta en un molinillo de especias o maja y mortero y muela hasta obtener un polvo. Mezclar las especias molidas con el resto de los ingredientes, excepto las rodajas de lima, y verter sobre los calamares, revolviendo bien hasta que estén bien cubiertos. Dejar marinar a temperatura ambiente durante 20 a 30 minutos.

Para el kecap sambal, combine todos los ingredientes en un tazón pequeño.

Cuando esté listo para cocinar, encienda la barbacoa para que esté realmente caliente. También puede cocinar sobre una plancha muy caliente. Enhebre los calamares en las brochetas y cocine durante 2 minutos por cada lado hasta que estén ligeramente carbonizados. Coma inmediatamente con la salsa rociada sobre o al lado para mojar y las rodajas de limón para exprimir.

Sate sotong con kecap de sambal

Ensalada Rojak

PARA 6 A 8 PORCIONES

1 manzana Granny Smith
$\frac{1}{2}$ piña, cortada en trozos pequeños
1 mango firme, cortado en trozos pequeños
1 pera asiática, cortada en trozos pequeños
$\frac{1}{2}$ pepino, cortado en trozos pequeños
3 o 4 hojas grandes de plátano, en forma de conos
(opcional)
75g de cacahuetes tostados salados, picados
2 o 3 chiles ojo de pájaro, finamente rebanados
(opcional)

para el aderezo
15 g de pasta de camarones
50 g de azúcar moreno, picado
3 cucharadas de kecap manis (salsa de soja dulce)
85 g de pulpa de tamarindo, mezclada hasta formar
una pasta en 100 ml de agua hirviendo
1 cucharadita de chile en polvo

necesitará
brochetas de bambú

Para el aderezo, extienda la pasta de camarones en una capa delgada sobre una pequeña hoja de papel de cocina y envuélvala para hacer un pequeño paquete. Ponga una sartén pequeña a fuego alto y, una vez caliente, agregue el paquete de aluminio y tueste durante un minuto por cada lado. Sacar y dejar enfriar. Apague el fuego (la sartén estará muy caliente) y agregue el azúcar moreno y el kecap manis, revolviendo rápidamente a medida que el azúcar moreno se derrita en el calor residual. Cuele la pasta de tamarindo a través de un colador en la sartén y agregue el

Chile en polvo. Desenvuelve la pasta de camarones tostados y pásala en la sartén. Regrese la sartén a fuego medio y cocine por un par de minutos, revolviendo constantemente, hasta que espese y brille. Verter en un bol y dejar enfriar.

Pique la manzana en trozos pequeños y combínela con las otras frutas preparadas y el pepino en un tazón grande para servir o con conos de hojas de plátano, si los usa. Rocíe sobre el aderezo y espolvoree con los cacahuetes y los chiles picados, si los usa. Sirva inmediatamente, usando brochetas de bambú para recoger los trozos de fruta.

Chai tau kueh

PARA 4 PERSONAS

1 cucharada de aceite vegetal
2 dientes de ajo, cortados en cubitos
2 cebolletas de ajo o cebolletas, cortadas en tiras
180g de langostinos crudos
2 cucharadas de nabo en conserva (opcional)
2 huevos de pato, batidos
180g de brotes de soja

para el bizcocho de rábano

600g de rábano / daikon o nabo, rallado
4 cucharadas de aceite vegetal
1 salchicha china o 8 lonchas de tocino ahumado,
finamente picado
2 cebolletas picadas
230 g de harina de arroz
1 cucharada de harina de maíz
$\frac{1}{2}$ cucharadita de azúcar en polvo
$\frac{1}{2}$ cucharadita de sal

para el condimento

2 cucharaditas de salsa de soja oscura
1 cucharadita de salsa de soja ligera
2 cucharaditas de kecap manis (salsa de soja dulce)
1½ cucharada de salsa de pescado
¼ de cucharadita de azúcar en polvo
pizca grande de pimienta blanca molida
1 cucharada de salsa Sriracha (opcional)

Para el bizcocho de rábanos, colocar el rábano rallado o el nabo en un wok o cacerola con 250ml de agua y llevar a ebullición. Baje el fuego y cocine a fuego lento durante 10 minutos hasta que el agua se haya evaporado ligeramente y el rábano tenga una consistencia fangosa. Retirar del wok y reservar en un recipiente aparte.

Limpiar el wok, luego calentar 2 cucharadas de aceite vegetal y freír el tocino o la salchicha china con las cebolletas durante unos 5 minutos. Vierta el rábano cocido en el wok, mezcle bien y agregue la harina de arroz, la maicena, el azúcar y la sal. Trabajando rápido, mezcle bien y mantenga la mezcla en movimiento alrededor del wok para cocinar la harina durante unos 5 minutos. Apaga el fuego.

Elija un plato lo suficientemente grande como para caber en el wok y engrase con un poco de aceite vegetal. Vierta la mezcla de rábano en el plato y empáquelo con el dorso de una cuchara. Alise la parte superior tanto como sea posible. Coloque el plato sobre una rejilla de vapor sobre el wok, llene el wok de abajo con agua, lleve a ebullición, cubra y cocine al vapor a fuego alto durante 45 minutos. Compruebe el nivel de agua con frecuencia para que no se seque. Retirar la tarta del fuego y dejar enfriar. Coloque en el refrigerador durante aproximadamente 2 horas o durante la noche. Esto asegurará que el pastel esté lo suficientemente firme como para cortarlo.

Coger 450g de bizcocho de rábanos y cortarlo en tiras de 2,5 cm y luego en cubos de 1,25 cm. El resto del bizcocho se puede congelar durante 2 meses o guardar en el frigorífico otros 2 días y freír para el desayuno (verIntroducción)!

Calentar el aceite vegetal restante en un wok o cacerola a fuego medio y freír los cubos de bizcocho hasta que estén dorados y crujientes, unos 10 minutos. Colócalos en un recipiente aparte.

Mezcle todos los ingredientes del condimento en un tazón pequeño.

Utilizando el mismo wok o cacerola, calentar el aceite vegetal y añadir el ajo y el cebollino o las cebolletas y sofreír por un minuto. Agregue las gambas y el nabo en conserva, si lo usa, y fría hasta que las gambas comiencen a ponerse rosadas. Agrega los cubos de bizcocho de rábanos junto con la mezcla de condimentos, y asegúrate de que estén bien incorporados. Vierta los huevos sobre la mezcla a modo de tortilla y déjelo reposar un minuto. Agregue los brotes de soja y saltee la mezcla durante unos 2 minutos, hasta que los huevos estén bien cocidos. Sirva inmediatamente con más Sriracha, si lo desea.

PISANG GORENG CON JARABE DE CHILI

El jarabe de lima y chile agrega un gran toque a estos reconfortantes buñuelos de plátano de Malasia. Aunque no es tradicional, me encanta agregar una cucharada de helado de vainilla en la parte superior de cada buñuelo caliente antes de rociar la salsa. Es mejor comerlo con los dedos, pero sea rápido: ¡la combinación de helado derretido y salsa hace que este sea un negocio complicado!

PARA 6 PERSONAS GENEROSAMENTE

100 g de harina de arroz
100 g de harina de maíz
2 cucharaditas de polvo de hornear
175 ml de agua helada
6 plátanos
helado de vainilla, para servir (opcional)

para el jarabe de guindilla
150 g de azúcar en polvo
ralladura y jugo de 2 limas
1 a 3 chiles ojo de pájaro, finamente rebanados, al gusto

Para el jarabe de guindilla, coloque el azúcar, la ralladura de limón y el jugo y las guindillas en una cacerola pequeña y cocine a fuego medio. Lleve a ebullición y cocine a fuego lento durante 3 minutos, luego retire del fuego y vierta en un tazón pequeño. Dejar enfriar. Los chiles flotarán hacia la superficie a medida que se enfríe; simplemente mezcle de nuevo justo antes de servir.

Para hacer la masa para los buñuelos, mezcle la harina de arroz, la harina de maíz y el polvo de hornear en un bol. Vierta gradualmente el agua helada, batiendo a medida que avanza, hasta que tenga una masa suave.

Para preparar los plátanos, pélelos y córtelos por la mitad a lo largo, luego corte cada mitad en 2 para obtener 4 gajos de cada plátano. Vierta en la masa y revuelva para cubrir.

Precaliente el aceite en una freidora a 180 ° C / 350 ° F. Revuelve los plátanos por última vez para asegurarte de que estén bien cubiertos, luego échalos en el aceite, alrededor de 4 a 6 piezas a la vez. Freír durante unos 4-5 minutos hasta que estén crujientes y dorados, luego escurrir sobre papel de cocina mientras fríe los lotes restantes de plátano.

Sirva inmediatamente con una cucharada de helado, si lo usa, y un chorrito de jarabe de chile.

234

Arroz con pollo hainanés

PARA 6 A 8 PORCIONES

2 kg de pollo,
preferiblemente
de corral y
orgánico 1
cucharada de
hojuelas de sal
marina
100 g de jengibre de raíz
fresca, en rodajas finas, más
30 g de un manojo de
cebolletas finamente ralladas,
cada una cortada en 3 trozos
1 cucharada de granos de pimienta blanca enteros
500 g de arroz jazmín
1 cucharada de aceite vegetal
1 cucharada de aceite de sésamo
2 chalotas de plátano, finamente picadas
4 dientes de ajo machacados
un puñado de cilantro picado para servir

½ pepino, en rodajas finas, para servir

salsa de soja oscura, al gusto

aceite de sésamo, al gusto

para la salsa de chile

100 g de chiles rojos a fuego medio, picados en trozos grandes (quitar las semillas para que queden menos picante)
30 g de jengibre de raíz fresco, picado en trozos pequeños
1 chalota banana, picada
2 dientes de ajo picados
Zumo de 1 lima

4 cucharadas de caldo de pollo
2 cucharaditas de azúcar en polvo o al gusto
sal al gusto

Coloque el pollo en un plato y frótelo con la sal marina masajeando bien la piel. Rellene el jengibre en rodajas y las cebolletas en la cavidad, empujándolos bien hacia abajo. Algunos pueden salir cuando el pollo está hirviendo a fuego lento, lo cual está bien ya que agrega sabor al caldo. Coloque la pechuga de pollo hacia abajo en una olla y agregue los granos de pimienta. Agregue suficiente agua fría para cubrir el pollo y ponga a fuego alto para que hierva, quitando la espuma que suba a la superficie. Tan pronto como comience a hervir, reduzca el fuego al mínimo (desea ver la más mínima de las burbujas estallando en la superficie) y cocine a fuego lento hasta que el pollo esté bien cocido. Esto tardará unos 30 minutos. Un termómetro para carne es útil aquí: insértelo en la parte más gruesa del muslo; el pollo está cocido cuando marca 75 ° C / 170 ° F. Con dos cucharas grandes, levante con cuidado el pollo y colóquelo en un plato. Según su preferencia, déjelo enfriar o envuélvalo en papel de aluminio y manténgalo caliente. En este punto, puede subir el fuego y reducir el licor de cocción a un caldo más concentrado para usarlo más tarde; se necesitarán unos buenos 30 minutos a fuego fuerte para reducirlo a la mitad.

Mientras tanto, coloca el arroz en un bol y cúbrelo bien con agua fría. Dejar en remojo mientras el pollo se cuece a fuego lento. Toma una cacerola mediana y agrega el aceite vegetal y el aceite de sésamo y pon a fuego medio-bajo. Agrega las chalotas y sofríe durante 10 minutos hasta que empiecen a ablandarse y colorear. Revuelva con el jengibre rallado y el ajo y fría un par de minutos más antes de apagar el fuego y dejar a un lado hasta que el pollo haya terminado de cocinarse.

Una vez que el pollo esté cocido, escurrir el arroz y agregarlo a la sartén con la mezcla de chalota. Ponga a fuego medio-alto y revuelva durante 30 segundos más o menos para cubrir cada grano en el aceite, luego vierta con un cucharón suficiente caldo caliente para cubrir el arroz por un par de milímetros. Llevar a ebullición, tapar con una tapa y hervir durante 5 minutos. Apague el fuego, deje la tapa intacta y deje que se cocine al vapor sin molestar durante 10 minutos más. Retirar la tapa y pasar los granos con un tenedor para separarlos un poco.

Para hacer la salsa de chile, coloque todos los ingredientes en un mini procesador de alimentos y mezcle hasta obtener una salsa. También puede colocar todos los ingredientes en una jarra profunda y batir con una batidora de mano. Vierta en un plato y reserve.

When you are ready to serve, chop the chicken into pieces using a large, heavy knife - it is normally served on the bone, but carve it like a roast chicken if you prefer. Serve the chicken on a bed of rice, scattered with a little chopped coriander, with the cucumber, chilli sauce, soy sauce and sesame oil alongside.

Prawn curry laksa

SERVES 4

750ml light chicken stock
400ml coconut milk
1 tablespoon soft brown sugar
400g raw king prawns
250g ready-cooked rice noodles (ideally thick ones)
salt

for the laksa spice paste

1 teaspoon dried shrimp
1 tablespoon coriander seeds
3 shallots, roughly chopped
3 garlic cloves, roughly chopped
1 teaspoon shrimp paste
2 stalks lemongrass, finely chopped
20g fresh root ginger, roughly chopped
20g galangal, roughly chopped
30g fresh turmeric root, roughly chopped
25g candlenuts or macadamia nuts

2–3
teaspoons
dried chilli
flakes, to
taste 4
tablespoon
s
vegetable
oil

to garnish
3 hard-boiled eggs, peeled and cut into quarters or
sliced
6 spring onions, thinly sliced
½ cucumber, sliced into thin matchsticks
3 red bird's-eye chillies, thinly sliced
a handful of fresh mint leaves, chopped

a handful of
fresh
coriander
leaves,
chopped 1
lime, cut into
wedges
(optional)

For the spice paste, first soak the shrimp in cold water for 15 minutes, then drain.

Next place the coriander seeds in a small frying pan and set over a medium heat to toast for a minute or so until you can smell their aroma wafting up from the pan. Tip into a spice mill or pestle and mortar and grind to a powder. Add to a mini food processor along with the remaining spice paste ingredients and whizz to a smooth paste.

When you are ready to make the soup, add the spice paste to a large saucepan and fry gently over a medium-low heat for a couple of minutes, or until fragrant. Add the stock, coconut milk and sugar, bring to the boil, reduce the heat to a simmer and cook for 10 minutes.

While the base is simmering, butterfly the prawns by running a sharp knife down the back of each to create an incision about 3mm deep from the top to the tail. Once the soup has had its initial simmer, drop the prawns in and cook gently for 3–4 minutes until they are just cooked and pink all the way through. Carefully stir in the cooked noodles and allow them to warm through. Add a little salt to taste.

Serve in deep bowls, with the garnishes arranged over each bowl.

Oyster omelette

SERVES 2

vegetable oil, for frying
3 eggs
2 tablespoons fish sauce
10g rice starch
10g potato starch
6-8 medium-sized oysters (or more/fewer, to your preference), drained and juices reserved (you need 60ml oyster juices – top up with water if insufficient)
3 tablespoons olive oil
a handful of coriander
a handful of watercress or rocket (for a peppery bite)
sea salt

for the sambal
40g garlic, minced
1 teaspoon salt
100g long red chillis
1-2 teaspoons white vinegar

juice of 3 limes
15g caster sugar
20g vegetable oil, plus extra for brushing

For the sambal , place the garlic and salt in a pestle and mortar and combine into a paste. Brush the red chillis with oil and sear in a frying pan over a high heat until both sides are on the blacker side of brown, then set aside to cool. If you wish, cut the chillis in half lengthways and remove as many seeds as suits your tolerance (I remove about half).

In a blender or pestle and mortar, place the garlic paste and chillis, along with the remaining sambal ingredients, and grind to a smooth paste, adding a little water if needed. Taste, and balance the seasoning with salt, sugar or lime juice. Set aside.

Heat at least 5cm of oil in a semi-deep cast-iron pan or wok (a heavy-bottomed saucepan is also ideal) to around 180°C/350°F. Whisk the eggs and the fish sauce in a bowl until aerated and light blond in colour. In a separate bowl, whisk the two starches and the oyster juices.

This is the difficult/fun bit: whisking one more time, pour the egg mixture into the hot oil from a height of about 20cm above the level of the oil. The egg mixture will puff up and begin frying. Scrape the circumference of the pan with a wooden spoon/heatproof spatula to prevent it from sticking. After about 2 minutes, or when the bottom of the omelette starts to set and take on colour, give the starch mixture a final whisk and pour it randomly into the egg mixture. The mixture will sink through the top layer and settle on the bottom here and there. Continue frying until the base of the omelette starts to brown.

Flip the omelette carefully to cook the other side; cut the omelette, if necessary, to ease flipping. Once the other side starts to brown, remove the omelette from the pan and leave to rest on kitchen paper for about 5 minutes in a warm oven (about 110°C/90°C/Gas Mark $\frac{1}{4}$), to wick away as much oil as possible.

Remove any bits still left in the cast-iron pan or wok and drain the oil. Add the oysters to the pan and place over a medium heat. The oysters should firm up in the heat but still have a raw bite to them; it should not take more than 2 minutes. When the oysters have firmed up and are still juicy and plump, add 1-2 tablespoons sambal and toss to combine, then set the oysters aside to rest.

In a bowl, whisk 1 tablespoon of sambal with the olive oil until well incorporated, to make a vinaigrette. Dress the coriander and watercress or rocket with the vinaigrette and toss to combine.

Scatter the oysters and dressed salad over the omelette, as you would a pizza, and sprinkle with sea salt flakes to reinforce the seasoning. Serve!

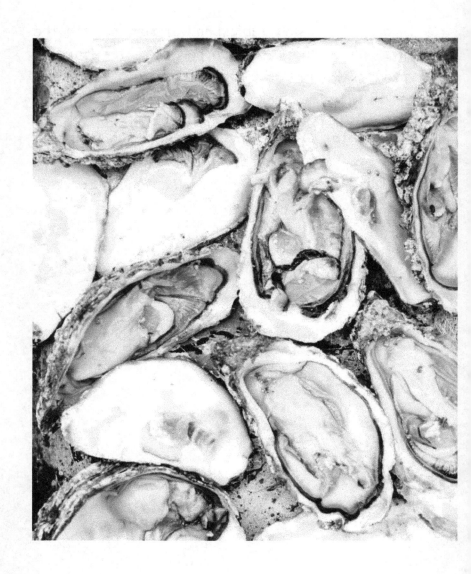

Sate ayam with peanut sauce

MAKES 8 LARGE OR 16 SNACK-SIZED
KEBABS, SERVING 4 AS A MAIN COURSE OR
MORE AS A SNACK

1 tablespoon coriander seeds
600g chicken thigh fillets, cut into 2cm cubes
$\frac{1}{2}$ teaspoon ground turmeric
2 garlic cloves, crushed
1 banana shallot, very finely chopped
2 tablespoons kecap manis (sweet soy sauce)
1 tablespoon dark soy sauce
a generous grind of black pepper
$\frac{1}{4}$ cucumber, cut
into thin
matchsticks, to
serve 1–2 hot
red chillies,
chopped, to
serve

for the peanut sauce
1 tablespoon vegetable oil
2 banana shallots, finely chopped
2 garlic cloves, crushed
1cm piece fresh root ginger, minced

1 stalk lemongrass, outer leaves discarded, inner finely minced (a spice mill is ideal for this)

½ t
e
a
s
p
o
o
n

s
h
r
i
m
p

p
a
s
t
e

1
2
5
g

r
o
a

s
t
e
d

s
a
l
t
e
d

p
e
a
n
u
t
s

100g creamed coconut, grated and dissolved in
250ml boiling water; or 250ml ready-made coconut
milk
1 tablespoon soy sauce

1–2 teaspoons soft brown sugar
juice of ½ lime

you will need
8–16 metal or bamboo skewers (if using bamboo, soak in cold water for an hour to prevent them from burning)

Place the coriander seeds in a small frying pan and dry fry for 30 seconds or so until you can smell their aroma wafting up from the pan, then tip into a spice mill or pestle and mortar and grind to a coarse powder. Add to a bowl along with the diced chicken, turmeric, garlic, shallot, kecap manis , soy sauce and black pepper. Stir well until mixed, cover and set aside to marinate in the fridge for a couple of hours, or overnight if you prefer.

To make the peanut sauce, place the vegetable oil in a small saucepan and set over a medium heat. Add the shallot, garlic, ginger and lemongrass, frying for around 10 minutes until the shallot is translucent, reducing the heat if it's catching a little. Add the shrimp paste and stir to combine.

Coarsely grind the peanuts in a food processor or pestle and mortar. Tip into the saucepan, along with the coconut milk, soy sauce and 1 teaspoon sugar. Bring to the boil and simmer steadily, stirring often, for 5 minutes until the sauce has thickened. Season to taste with a squeeze of lime juice and a little more sugar. Keep warm over a low heat.

When you are ready to cook, fire up the barbecue. Thread the chicken on to skewers and grill or barbecue over hot coals for around 6–8 minutes until cooked through. Serve with the peanut sauce, cucumber and chopped chilli.

261

Pepes ikan

SERVES 4

4 generous pieces of banana leaf
800g white fish fillet, cut into 4 even-sized pieces
1 lime, quartered, to serve

for the spice paste
3 garlic cloves, peeled
1 banana shallot, roughly chopped
2cm piece fresh root ginger, roughly chopped
1 stalk lemongrass, outer leaves discarded, inner
roughly chopped
25g candlenuts (about 8), or macadamia nuts
1 teaspoon tamarind concentrate, or 1 tablespoon
tamarind pulp
1 teaspoon dried chilli flakes

½ t
e
a
s
p
o
o
n

g
r
o
u
n
d

t
u
r
m
e
r
i
c

¼

teaspoon

shrimp

paste

1
large
red
tomat
o,
roughl
y
chopp
ed
salt
and
freshl
y
groun
d
black
peppe
r

you will need
cocktail sticks to secure the banana leaves

Place the garlic, shallot, ginger, lemongrass, candlenuts, tamarind, chilli, turmeric, shrimp paste and tomato in a food processor. With the motor running, add just enough water, about 1-2 tablespoons, to make a smooth, thick paste. Season to taste. Alternatively, place all the ingredients in a deep jug and pulse with a stick blender until smooth.

Lay out the banana leaves and put a piece of fish in the middle of each. Divide the spice paste evenly between the fish, spreading it out all over. Fold up the ends of the banana leaf and roll up tightly so the fish is completely covered. Pin each end securely with a cocktail stick to stop it from opening up. Set aside on the worktop for 20–30 minutes to marinate.

While the fish is marinating, fire up the barbecue until hot, or preheat a large griddle pan. Cook the fish parcels for about 4 minutes on each side, until the banana leaf is nicely charred on the outside. Carefully unwrap one parcel to check the fish is cooked through – it will be opaque and flake easily when teased with a fork.

Serve the parcels with a wedge of lime to squeeze over once unwrapped.

Ayam goreng with sambal bajak

SERVES 4–6, DEPENDING ON GREED OR HUNGER!

1 large chicken (about 2.5kg), or a selection of bone-in chicken pieces
2 bay leaves
500g banana shallots, sliced into 5mm rings

for the spice paste
2 tablespoons coriander seeds
8 garlic cloves, roughly chopped
3 banana shallots, roughly chopped
3 stalks of lemongrass, outer leaves discarded, inner roughly chopped
75g fresh root ginger, roughly chopped
50g candlenuts or macadamia nuts

50g fresh
turmeric
root,
roughly
chopped
salt and
freshly
ground
black
pepper

for the sambal bajak
100g red bird's-eye chillies, stalks removed
(remove the seeds for less heat)
100g shallots, thickly sliced
100g cherry tomatoes
6 fat garlic cloves, roughly chopped
6 candlenuts or macadamia nuts
6 kaffir lime leaves, thinly sliced

1 tablespoon shrimp paste
1 tablespoon soft brown sugar
1 teaspoon salt
1 tablespoon vegetable oil

For the spice paste, place the coriander seeds in a small frying pan and toast over a medium heat for a minute or two until you can smell their aroma wafting up from the pan. Tip into a spice mill or pestle and mortar and grind coarsely. Add to a food processor, along with the garlic, shallots, lemongrass, ginger, candlenuts and turmeric. Season generously. Whizz to a paste, adding just enough cold water to help it along – a couple of tablespoons should do it.

Joint the chicken into 10 pieces: 2 drumsticks, 2 thighs, each breast chopped into 2, plus 2 wings. A combination of small, sharp knife and scissors is the easiest way to do this, following the joints and bones as a guide. Don't worry if it looks a little rough and ready. Add the pieces to a large shallow dish in a single layer and dollop the spice paste on top, rubbing it all over. Cover and marinate in the fridge for a few hours, or ideally overnight.

Transfer the chicken, along with any excess marinade, into a large stockpot. Add the bay leaves and just enough cold water to cover the chicken and set over a high heat to bring to the boil. Reduce the heat to a steady simmer, cover with a loose-fitting lid and cook for 30 minutes. Use a slotted spoon to transfer the chicken to a large plate. Discard the poaching liquor, or even better, strain it and use it as the stock base of an Asian soup. It will freeze well if you want to save it.

To make the sambal bajak , put all the ingredients except the oil into a food processor and pulse to a thick paste. Add the oil to a frying pan and set over a medium-high heat. Once hot, scrape in the paste and stir fry for about 8–10 minutes until the sauce turns a shade darker and is rich and thick. Reduce the heat a little if it begins to stick. The sambal bajak will keep well in the fridge for up to 3 weeks, covered with a layer of cling film pressed to the surface.

While the chicken is poaching, heat the oil in a deep fat fryer to 180°C/350°F. When the oil is hot, add the shallot rings and allow to fry for a few minutes until golden and crisp. Shake any excess oil back into the fryer and tip on to kitchen paper to drain. Set aside.

Deep fry the poached chicken in batches of 3 or 4 pieces for about 5 minutes each until they are a deep golden brown.

Serve the chicken sprinkled with the crisp shallots, with the sambal bajak on the side.

Prawns with citrus salt and sriracha mayo

SERVES 4, AS A SNACK

2 litres groundnut oil, for frying
350g raw school
prawns or king
prawns (shell on)
finely sliced red and
green chillies, to
garnish lime wedges,
to serve (optional)

for the citrus salt

3 tablespoons sea salt flakes
grated zest of 2 small limes

for the Sriracha mayonnaise

4 tablespoons kewpie mayonnaise (or any
homemade mayonnaise)
2 tablespoons Sriracha sauce
juice of 1 lime
1 teaspoon sea salt flakes

for the seasoned flour (school prawns only)

150g rice flour
2 teaspoons fine salt flakes
1 tablespoon chilli powder

½ tablespoon garlic powder

1 teaspoon mustard powder
1 teaspoon white pepper

To make the citrus salt, combine the sea salt flakes and lime zest in a small bowl and set aside.

For the Sriracha mayonnaise, place the kewpie mayonnaise and Sriracha sauce in a bowl, then add the lime juice and salt and mix all the ingredients together. Taste, and if you're happy, bang it in your serving bowl and set aside.

If using school prawns, make the seasoned flour. Place all the ingredients in a large bowl. Mix well, then add the school prawns and give them a good toss, making sure they're all covered in the flour. In a large pan, heat the oil to 200°C/390°F. Before frying, shake off any excess flour from the school prawns. This will make sure the oil stays nice and hot, which will give you a crisper, tastier prawn. Once the oil is hot, submerge the prawns in the oil and fry for a minute. Remove the prawns from the fryer, transfer to kitchen paper and season with the citrus salt while the prawns are still hot.

If using king prawns, fire up a barbecue until medium-hot and cook the prawns for 2 minutes each side until pink. Season with the citrus salt while the prawns are still hot.

To serve, make a nice mound of the prawns on your serving plate along with a generous ramekin of the Sriracha mayo and some extra citrus salt; garnish with some finely sliced red and green chillies and lime wedges.

Chiko rolls

MAKES 16 LARGE ROLLS

100g pearl barley
2 tablespoons olive oil
1 onion, finely chopped
1 stick celery, finely chopped
1 carrot, finely diced
200g white cabbage, finely shredded
350g cooked roast lamb or beef, finely chopped
1 beef stock cube
salt and

freshly

ground black

pepper

tomato

ketchup

and/or chilli

sauce, to

serve

for the egg roll wrappers
500g plain flour
1 large egg
175ml ice-cold water

a pinch of salt
cornflour, for rolling

Soak the pearl barley in cold water for an hour, then drain well and place in a saucepan. Cover well with boiling water and simmer for about 15-20 minutes, until tender. Drain and set aside.

Meanwhile, place the olive oil in a large frying pan and set over a medium-low heat. Add the onion, celery and carrot and fry gently for 10 minutes until starting to soften, then add the cabbage and season generously with salt and pepper, and fry for a further 10 minutes. Stir through the chopped meat and pearl barley, crumble in the stock cube and pour in 125ml water, cooking for a further 10 minutes until the liquid has virtually evaporated. Turn off the heat and leave to cool.

To make the wrappers, add the flour, egg, water and salt to a food mixer fitted with a dough hook. Knead for about 5 minutes until you have a smooth, stretchy dough, You can also make this dough by hand by mixing everything together in a bowl, then tipping on to a lightly oiled worktop and kneading until smooth; it will take about 10 minutes by hand. Chop the dough into 16 even-sized pieces and roll each into a ball. Set on a baking tray, cover with a clean tea towel and leave to rest for 30 minutes.

When you are ready to assemble the chiko rolls, lightly dust the worktop with cornflour. Take a piece of dough and roll it out to a 2mm-thin square about 16 x 16cm. Spoon 3 tablespoons of filling along the bottom edge, leaving a generous 4cm margin at either side and at the base. Lift up the left and right edges and lay them over the filling, keeping them parallel. Then roll up tightly so the filling is covered by a couple of layers of wrapper. Brush the back edge with a little water before sealing up all the way. Rest on a baking tray that's lightly dusted with a little cornflour and repeat with the remaining dough and filling.

Once they are all rolled, heat the oil in a deep fat fryer to 180°C/350°F. Fry the chiko rolls in batches of 3 for about 5 minutes until deep golden brown. Serve immediately, when they will be crispest, or allow them to cool a little, when the pastry will become lovely and chewy. Serve with bowls of ketchup and/or chilli sauce to dunk them in as you eat.

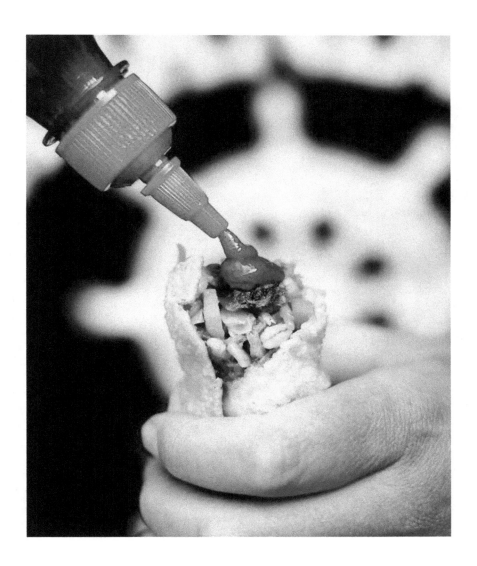

Steak and onion pie, only better

SERVES 4

2 tablespoons olive oil
2 x 600g beef cheeks, sinew trimmed
1 large onion, cut into wedges
2 garlic cloves, crushed
125ml red wine
1 litre beef stock
2 sprigs rosemary
1 x 320g pack (1 sheet) shop-bought puff pastry
1 small knob of butter
salt and freshly ground black pepper
1 stick celery, finely diced, to garnish
celery leaves, to garnish
nasturtium leaves, to garnish

for the sweet tomato relish

250g ripe tomatoes
$\frac{1}{2}$ red onion, finely diced
1 teaspoon olive oil
1 garlic clove, finely diced
$\frac{1}{4}$ teaspoon dried chilli flakes
$\frac{1}{2}$ teaspoon tomato paste or purée
1 tablespoon brown sugar
1 tablespoon red wine vinegar

for the smoky soured onions
1 teaspoon olive oil
4 shallots, cut in half lengthways
125ml apple cider vinegar
1 tablespoon caster sugar

For the sweet tomato relish, cut a shallow cross in the bottom of each tomato using a small knife. Place the tomatoes in a large bowl, cover with boiling water and leave for 30 seconds, then immediately transfer the tomatoes into a bowl of iced water. Peel the tomatoes and set aside. Cut the cooled tomatoes into quarters, remove and discard the inner membranes and seeds, and chop the flesh into small chunks.

While the tomatoes are cooling, place a medium-sized saucepan over a medium heat. Add the onion and olive oil and cook for 4-6 minutes until soft but not coloured. Add the garlic and chilli flakes and cook for a further minute. Add the tomato paste or purée and stir for 2 minutes, then add the sugar and vinegar. Add the tomatoes to the saucepan and give the mixture a good stir. Bring to the boil then reduce the heat to medium-low. Cook for 8-10 minutes, stirring occasionally, until the mixture is thick and gloopy. Season with salt and pepper and set aside to cool slightly.

Once cooled, blitz the mixture with a stick blender or transfer into a liquidizer and pulse to form a smooth paste. Remove and set aside until ready to serve.

To make the smoky soured onions, put the olive oil in a small frying pan over a medium-high heat and season the oil with salt. Place the onions, cut side down, in an even layer around the frying pan. Cook for 4–6 minutes, or until lightly charred, then reduce the heat to low and add the vinegar and sugar. Cover and cook over a low heat for a further 5 minutes, then turn off the heat and leave the onions to cool in the liquid. Set aside until ready to serve.

Preheat the oven to 190°C/170°C Fan/Gas Mark 5. Heat the olive oil in a deep flameproof casserole dish over a high heat. Season the beef cheeks with salt and pepper, add them to the pan and cook until golden on both sides, about 2–4 minutes. Remove the meat from the pan and transfer to a plate. Reduce the heat to medium, add the onion and cook for 4–5 minutes. Add the garlic and cook for a further minute. Increase the heat to high and add the red wine. Cook to reduce for 2 minutes then return the beef to the pan and add the beef stock and rosemary. Bring to the boil, cover and transfer to the oven. Cook for 2½–4 hours, or until the cheeks are able to be pulled apart with a fork, but still hold their shape. Once the cheeks are cooked, remove from the liquid and set aside to cool, reserving the cooking liquid.

While the cheeks are cooling, increase the oven heat to 200°C/180°C Fan/Gas Mark 6. Line a large baking tray with baking parchment. Cut the puff pastry into 4 small discs, around 10cm in diameter, and place them on the baking tray. Place another sheet of baking parchment over the top and weigh it down with another baking tray of a similar size. Bake in the oven for 10–12 minutes, until the pastry is crisp and golden. Remove from the oven and set aside.

Meanwhile, place the cooking liquid in the casserole dish on to the hob over a high heat. Stir in the butter, season with salt and pepper and strain through a fine sieve. Cut the cooled cheeks into 4 large cubes and dip them into the sauce until well coated.

To assemble, place the beef cheeks on to individual plates. Spoon over a few tablespoons of the remaining sauce. Add small blobs of the tomato relish then place the onions on top. Place a pastry disc over the top of the beef and garnish with diced celery and the celery and nasturtium leaves.

CPSIA information can be obtained
at www.ICGtesting.com
Printed in the USA
BVHW091416030521
606339BV00005B/596